JN011553

グロービス流

「考え方」のコツ 33

GLOBIS
Tsuyoshi
Shimada

グロービス 著
嶋田毅 執筆

ダイヤモンド社

はじめに

AIに代表されるテクノロジーが進化する中で、人間がどのようなバリューを出せるかがますます厳しく問われる時代になっています。物事を記憶しているだけではこれからの時代、価値は出せません。考えることを通じて事実やデータに意味づけをしたり、新しい企画を作っていかないと、これからの時代にはサバイブできないといっても過言ではないでしょう。

そうしたこともあってか、「思考力を高めることで生産性を上げたい」と考える方はますます増えているように思われます。そしてそれを反映してか、思考法に関する書籍は多々出されていますし、セミナーなども多く開催されています。

ただ、そうした書籍やセミナーは、往々にして「正攻法」的に構成されています。正攻法とは、筋道を立ててしっかり構造化されているということです。それはある意味で書き手としては誠実であり、もっともな手法ではあるのですが、多くの人にとっては、それゆえに敷居が高くなってしまうことにもつながります。特にクリエイティブ・シンキング系はその傾向が多少強いように思います。

本書は、そうしたことも念頭に、「必ずしもきれいに構造化されていなくても、ビジネスパーソンが効果的に考えるうえでの代表的なティップスを提供できないだろうか」という発想のもとに生まれました。そして、筆者が過去に触れて「これは役に立つ」と思った（さらにはそれをベースにブラッシュアップした）

考え方のコツのうち、多くのビジネスパーソンにとっても有効と思われるものを33個ピックアップし、まとめたものです。

俗にいう左脳的な（ロジカルな）思考のコツと右脳的な（クリエイティブな）思考のコツについても満遍なく選びました。MBAのクラスで教えられているものやコンサルティング会社の実務で使われているものもあれば、学者が用いる発想のコツもあります。いずれも、考えることにこだわっている人々が用いているコツなので、その有用性は折り紙付きです。

本書はまた、これまでに筆者が書いてきたビジネス書とは趣を変え、イラストを多用しました。視覚は何かを理解する際には非常に効果的なので、それを活用したものです。イラストのシーンを思い出すことで、「そういえばこんな話があったな」などと思い出していただければと思います。

フレームワーク（思考の枠組み）なども同様ですが、先人が提唱し、磨きをかけてきたものを知ることは、大きな威力を持つものです。すべてをすぐにマスターできなくても、「なるほど、これはどこかで使えるな」と感じていただいたり、ビジネスの場で「これってあの思考のコツが応用できるのでは」といったように、実務で活用いただければと考えています。

本書の構成

本書は大きく、基礎編、応用編、発展編、日常の習慣編の4章から成ります。いずれも、ロジカルな要素とクリエイティブな要素を含みます。

基礎編＋応用編はこれまでに『グロービスMBAクリティカル・シンキング』（ダイヤモンド社）など別の書籍で説明したものからピックアップしたものが多く、思考法に興味がある方であれば、比較的理解しやすいと思われます。もちろん、「理解しやすい」とはいっても相対的なものですから、初めてこの類いの本を手に取られた方にはそれでも歯ごたえがあるかもしれません。しかし、ここに紹介したものは意識して使ってみることで、どんどん思考力が上がります。あらゆるビジネスシーンでの生産性も上がるでしょう。

発展編＋日常の習慣編は、それに比べるとややハードルが上がります。思考法の書籍を多く読まれた方でも、目新しい部分があるでしょう。ただ、ここで紹介している思考のコツは、いったん身につくと、一気に考える力が上がります。ぜひこれらのものについても、まずはそのエッセンスをご理解いただき、さまざまなシーンで使ってみてください。

各思考のコツの説明は、原則、見開き6ページとし、イラストのイントロをつけています。同じ分量で説明するには内容の濃淡の差はあったのですが、読みやすさを重視したということでご了解ください。また、それぞれのコツについて、「効果的なシーン」と「一目置かれるためのポイント」も載せましたので、コツを実践する際の参考にしてください。

PART 1

分けて考えるコツ

問題の在り処や手を付けるべきポイントを見極めるためには適切に分けることが必須

数週間後…

— 12 —

第1章 基礎編

○「分ける」は「分かる」ための第一歩

物事を適切に分けることは、問題解決やマネジメントの基本です。それゆえか、分けることについての言い習わしは少なくありません。

「物事を適切にマネジメントするためには、マネジメントしやすいように小さく分けることだ」
「困難は分割せよ」 等々

大きな塊をぼんやり見ていては分からないことも、適切に分解すればその「肝」となる部分が見えてきますし、管理も容易になるのです。本項では、主に問題解決のシーンを意識して議論を進めます。

○「良い切り口」を見つけるには？

特に問題解決の場面では、**問題の核心に迫る「感度の良い切り口」で切ることが必要**です。冒頭のコミックでも、最初に試した切り口とは異なる切り口を試してみたところ、より問題の本質が浮かび上がるような結果につながりました。

では、どうすれば感度の良い切り口を見つけることができるのでしょうか？ 答えを言ってしまうと、**まずは経験を積むこと、そして切り口の数を自分なりに増やすこと**です。言い方を変えれば、「この切り口を当てはめれば必ず問題の核心にたどり着ける」という便利なマニュアルはなく、試行錯誤してみるしかないということです。経験を積むことは、無駄な試行錯誤

— 13 —

最後になりますが、本書を執筆する機会を与えていただくとともに有益なアドバイスをいただいたダイヤモンド社第一編集部の吉田瑞希氏に感謝申し上げます。また、ビジュアル的に見やすいイラストを描いていただいたイラストレーターのfancomi氏に感謝いたします。そして、インスピレーションを与えてくれた同僚諸氏に感謝したいと思います。

グロービス出版局長、グロービス経営大学院教授　嶋田毅

CONTENTS

はじめに

CHAPTER 1 基礎編

1 / 分けて考えるコツ 12
「肝の在り処」が分かる

2 / 枠組みで考えるコツ 18
全体感がつかめ、考え漏れを防げる

3 / 因果関係を考えるコツ 24
何をすれば何が起こるかの想像がつく

4 / 比べて考えるコツ 30
単独では見えない
「意味合い」「示唆」を引き出せる

5 / 目で考えるコツ① 36
目は第二の脳である

6 / 目で考えるコツ② 42
グラフはアラビア数字に勝る

CHAPTER

2 応用編

7 / イメージで考えるコツ 50
具体的に何が起こりそうかのイメージが湧く

8 / ネットサーフィンで考えるコツ 56
多数の意見を見ることでバランスよく考えられる+自分の思考や嗜好の癖が分かる

9 / N=3で考えるコツ 62
仕事を進めるスピードが劇的に上がる

10 / 確率で考えるコツ 68
より良い結果がもたらされる可能性が高まる

11 / 別の事例で妥当性を考えるコツ 74
より本質的なポイントに踏み込める

12 / 前提を変えて考えるコツ 80
イノベーティブなものが生まれる

13 / ゼロリセットして考えるコツ 86
ベストのものを構想できる

14 / 軸を動かして考えるコツ 92
思わぬ金鉱を掘り起こせる

15 / 比喩で考えるコツ 98
納得感が高まる+別の企画に横展開できる

CHAPTER

3 発展編

16 / モデルで考えるコツ① 106
複雑な事象を単純化して考えられる+本質がつかみやすくなる

17 / モデルで考えるコツ② 112
他のベンチマークを当てはめやすくなる

18 / 極端なケースで考えるコツ 118
本質や法則を理解できる

19 / アノマリーで考えるコツ 124
別のゲームのルールが見える

20 / 「べき論」で考えるコツ 130
組織が見逃している「異常な常識」を排除できる

21 / ストーリーで考えるコツ 136
提案の妥当性が上がる+人を巻き込める

22 / 視点を変えて考えるコツ① 142
Win-Winの構造が作れる+独善を避けられる

23 / 視点を変えて考えるコツ② 148
見える世界観が変わる

24 / 関数で考えるコツ 154
より正確な予想ができる

25 / ゴールから考えるコツ 160
ダンドリが良くなる

26 / 「できたらいいな」から考えるコツ 166
最重要課題を見つけられる

27 / 「根源」を考えるコツ 172
ピンポイントで問題解決できる

28 / 違和感から考えるコツ 178
隠れていた真実に気づける

29 / 補助線を引いて考えるコツ 184
気づきにくい本質に近づける

30 / 思考実験してみるコツ 190
根拠がよりクリアになる+未来に備えられる

CHAPTER 4 日常の習慣編

31 / メモから考えるコツ 198
「忘れてしまった」を避けられる

32 / アウトプットしながら考えるコツ 204
自分の限界を打破できる

33 / 「心の声」から考えるコツ 210
人間味のある言動ができる

もう少し早いといいが…

へ〜、そういうものなんだ。

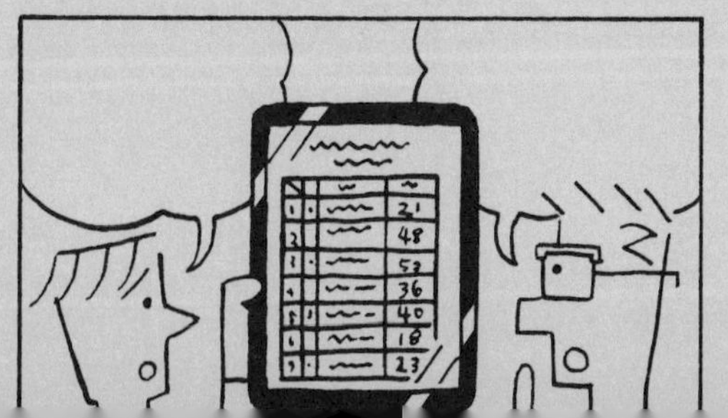

CHAPTER 1

基礎編

PART 1

分けて考えるコツ

問題の在り処や手を付けるべきポイントを
見極めるためには適切に分けることが必須

数週間後…

○「分ける」は「分かる」ための第一歩

物事を適切に分けることは、問題解決やマネジメントの基本です。それゆえか、分けることについての言い習わしは少なくありません。

「物事を適切にマネジメントするためには、マネジメントしやすいように小さく分けることだ」
「困難は分割せよ」　等々

大きな塊をぼんやり見ていては分からないことも、適切に分解すればその「肝」となる部分が見えてきますし、管理も容易になるのです。本項では、主に問題解決のシーンを意識して議論を進めます。

○「良い切り口」を見つけるには？

特に問題解決の場面では、**問題の核心に迫る「感度の良い切り口」で切ることが必要**です。冒頭のコミックでも、最初に試した切り口とは異なる切り口を試してみたところ、より問題の本質が浮かび上がるような結果につながりました。

では、どうすれば感度の良い切り口を見つけることができるのでしょうか？　答えを言ってしまうと、**まずは経験を積むこと、そして切り口の数を自分なりに増やすこと**です。言い方を変えれば、「この切り口を当てはめれば必ず問題の核心にたどり着ける」という便利なマニュアルはなく、試行錯誤してみるしかないということです。経験を積むことは、無駄な試行錯誤を減らすことにつながります。

切り口をたくさん持つことについては、書籍などで勉強したり、実務で他人の技から学ぶしかありません。たとえば、売上げが減ってきたという問題があったときに、顧客層別（性別、年齢別、家族構成別など）、チャネル別、製品別などさまざまな切り口を試すことはできます。それで問題の在り処を発見できればいいのですが、過去に試したやり方では効果が出ないことが少なくありません。

もしこのケースで、「最近、押しなべて顧客の使用頻度が減っている」ということが原因だとしたら、「売上高＝価格×使用頻度×顧客数」という切り口を知らないと、問題の根源に気づけないということもあるかもしれません。「切り口」という武器は多く持っておけば「当たる確率」が増しますから、多いに越したことはないのです。

○ 切り方にも意識を向ける

切り方は切り口と似た言葉ですが、ここでは「ある切り口について、具体的にどのように切り分けるか」ということと定義します。

たとえば、若者向けの商品の売上げを年齢別に分けるときに、「10歳未満、10代、20代、それ以上」と分ける方法は一般的です。一方で「12歳未満、12〜15歳、16〜18歳、19〜22歳、それ以上」と分ける切り方もありそうです。これは、小学生、中学生、高校生、大学生、それ以上を意識した分け方です。商品によってはそうした切り方の方が感度のいい分析をできることもあるのです。もちろん、最初からそれが分かっていれば、顧客属性として「小中高大」の別を最初から取るべきなのですが、そうしたことに気づかず、年齢情報しかないこともしばしばあります。そうしたときに一工夫することで核心に迫れることもあるのです。

別の例で、アンケートによく「未婚／既婚」の選択肢しかないことがありますが、これも切り方としては粗いケースがあります。たとえば、「未婚／既婚配偶者あり／離死別」という分け方をすることで、「このサービスは特に離死別をしたシングルマザーに強いニーズあり」ということが分かる場合もあるのです。

○「まずまずの結果」で満足しない

何事もそうですが、最初にある切り口で物事を分けてみて、そこそこの結果が出るとそこで分析をやめる人は少なくありません。冒頭のコミックの例も、上司に指摘されなければそのまま最初の分析でやめてしまったかもしれません。

たとえば、10の大きさの問題があったとして、ある切り口で分析したところ、それが「1：8：1」の比率で分解できたとします。多くの人は、この切り方に満足し、その「8」の部分にフォーカスして問題解決を進めるでしょう。もちろん、それが有効なこともあるのですが、必ずしもそういうケースばかりではありません。別の切り口で切れば、「0.5：9：0.5」の結果が見えてくるかもしれません。もしそうであれば、後者の切り口の方がより問題の核心に迫れているといえます。

ある会社の社員の不満足度を調べた結果、年収800万円から1000万円の層に大きな不満があったとします。この層に対して手当を厚くしたりという方策も考えられますが、本当にそれは有効なのでしょうか？　別の切り口として、「子どもが2人以上私立の学校に通っている」「親の介護をしている」という「悩み別」で調べたら、この2つの原因で90%を占めていた、という可能性もあるのです。

子どもが2人私立学校に通っている、あるいは親の介護をしているというのは、通常はそこそこ年齢のいったシニア社員ということが多いでしょう。企業にもよりますが、年齢は往々にして年収とある程度相関する傾向があります。結果として、たまたまこの2つの問題で悩んでいる人々が、年収800万円から1000万円の層と重なったという見方ができます。

こうした現象を疑似相関といいます。疑似相関の有名な例は、ビールの消費量が多い月は水難事故が多いというものです。これは別に、ビールを飲んで酔っ払って水難事故にあったというわけではありません。ビールが売れるのは通常は暑い季節です。暑い季節は当然、海や川に出掛ける人も増え、それゆえ水難事故が増えているだけなのです。この程度であればさすがに気づく人が多いと思いますが、実際のビジネスでは先述のような、意外に見逃しがちな疑似相関は少なくないのです。

自分のピントが合っていれば より実態に迫れる

その他にも、1つの切り口ではぼんやりとしか見えてこなかったことが、2つの切り口の掛け算でクリアに見えてくるということも少なくありません。あまり時間をかけすぎるのは好ましくありませんが、「こういう切り口で切ってみたらより実態に迫れるのではないか」という仮説を持ち、試してみることも大切です。

そしてそのためには空理空論で仮説を立てるのではなく、現場の声を聞いたり、自分が現場に赴くなどして、現場の肌感覚を持つことも大切です。

たとえば、「このサービスはどうもIT業界で働いているビジネスパーソンからの評判が良くない感じがするんですよ」という現場の声があったとします。であれば、職業別に満足度を調べてみて実態をあぶりだすことがまずは有効かもしれません。そのうえで原因を解消できれば、満足度は全体的に向上する可能性があるのです。

問題の核心に迫り、効果的な打ち手につなげる

一目置かれるためのポイント

1. 多様な切り口を持ち、短時間で実態に迫る
2. 切り方を工夫する
3. 「そこそこ」で妥協せず、より実態に迫る分解をする

PART 2

枠組みで考えるコツ

考え漏れを防ぎ、物事を構造的に捉えることが可能になる。先人の知恵も生かせる

枠組みなし

・家族関係
・人柄
・車の運転
・…

枠組みで検討

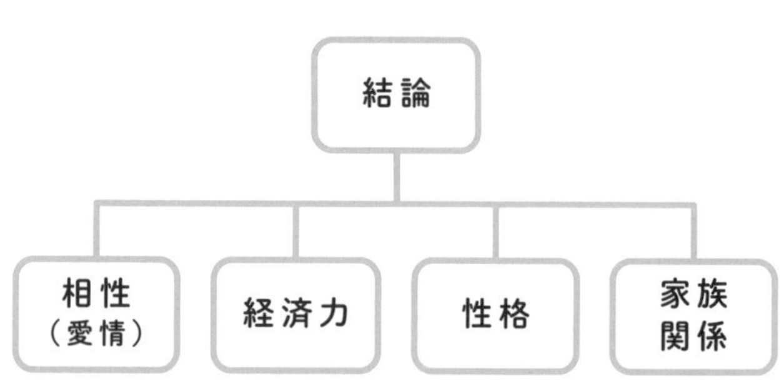

○ 有名な枠組みは先人の知恵

枠組みはフレームワークなどともいわれます。ビジネススクールであれば、通常、2年間の在学期間中に数百のフレームワークを勉強します。**これらは先人の知恵が詰まったもので、考えることのスピード化に非常に役に立ちます**。

たとえば、「バリューチェーン」というフレームワークを知っていると、自社のさまざまな活動の特徴や、競合に対する強み弱みの所在などを分析することが可能となります。競争戦略を考えたり、自社のビジネスモデル刷新に着手するための分析を行ううえで非常に役立つフレームワークです。

フレームワークの良い点は、上述のように、先人の知恵が詰まっているため、一から自分で考えなくてもいいという点です。他人の知恵を活用することは生産性を上げる基本でもあるので、多くの有名なフレームワークを知っておくことは、ビジネスパーソンとしての生産性向上に大きく寄与するのです。

ただし、有名なフレームワークは「知っていて当たり前」という側面もあるので、ここからは、自分ならではのオリジナルな枠組みを考え、活用することにフォーカスして議論します。

○「考え漏れ」を防げる

枠組みで考えることの大きなメリットとして「考え漏れ」を防げることがあります。有名なビジネスフレームワークも、おおむねこの条件を満たしています。当然、この原則はオリジナルのフレームワークにも当てはまります。

たとえば、皆さんが親戚の就活中の学生に「この会社にぜひとも就職したい。給与レベルも平均より高いし、大きな変化はない業界だから」と相談されたらどのように答えるでしょうか。

この学生は、枠組みでいえば、「給与レベル（広義には待遇）、安定性」という大きく2つの項目で考えていることが分かります。もちろんこれらは重要ですが、これだけで（特に日本において）一生を左右しかねない、最初の就職先を選んでいいものでしょうか。別の考慮すべき項目がないか考えてみましょう。そうすると、「やりがいを感じられるか」といった基準や、「自分の強みが生かせるか（かつ伸ばせるか）」といった基準が抜けているのが分かります。

もしそれに本人が気づいていないなら、「でも、その企業って本当に就職したら仕事は楽しいのかな？　あと君の強みが生かせるような職場なの？　ひょっとしたら目先の安定性にとらわれてリスクを過大に恐れていないか？」といったアドバイスもできるでしょう。ここでは、「給与レベル」「安定性」に、「やりがい」や「自分の強みが生きる」といった別の項目を加え、4つの枠組みで考えていることになります。

もし相手が「それも考えているよ。面白い仕事だし、自分の学んだ○○のスキルも生かせる」となればそれでOKですし、逆に「それは考えていなかったなあ。どうしよう」となれば、より良い枠組みで考えることにより、より良い結論に到達できる可能性が増すことにつながります。また、これができれば、「私はこう考えます、なぜなら第一に…、第二に…、第三に…」といった主張にも隙がなくなり、非常に説得力を持つようになります。

なお、こうしたオリジナルのフレームワークに絶対的なものがあるわけではありません。今回のケースであれば、人によっては「友人に対する見栄」などを重視するかもしれませんし、数年後に起業を志す学生であれば、待遇などはさておき、ひたすら自分の能力が伸びることを重視するかもしれないからです。**ポイントはその時々のシチュエーションに合わせ、「考慮すべきことをモレなく検討できる」ということ**なのです。

オリジナルのフレームワークで意識すべきこととは？

オリジナルのフレームワークを検討する際には、その項目の重み（重要性）も意識します。モレがないことも重要ですが、あまり些細なことまで取り上げようとすると時間を浪費しますし、費用対効果も悪くなるからです。当然、上述したように万人にとって同じ重みを持つものになることは実際にはなかなかないですが、なるべく多くの人がそれを聞いて（見て）納得感が高ければ、汎用性も高いということになります。多少の重みの違いは、あとで係数を掛けることなどで調整すれば十分です。

持ち家を買うシーンを想定しましょう。どのような枠組みで考えればいいでしょうか？ 「価格」や「立地」は当然枠組みの項目の上位に来そうです。一方で「町内会がない」はどうでしょう。これも人によっては気になるかもしれませんが、同列の項目かといえば違いそうです。「立地」という大項目の中の一項目と考えておけば十分でしょう。

こうした細かい項目については、まとめて「その他」に括るという方法も有効です。ただし、「その他」の重みが全体の40%にも達するようだと、枠組みとしてはアバウトすぎです。その中で重要度の高い項目は切り出して独立で考えるのが適切です。

○ 他の枠組みを参考にする

オリジナルのものとはいいながらも、すでにある有名なものを援用したり、それをベースに追加したりするのも有効です。たとえば、相撲の世界には「心」「技」「体」という有名な枠組みがありますが、これを自分の会社のあるべき姿に応用することもできそうです。以下のようなイメージです。

良き経営理念（心）	社会的貢献を忘れず、信頼される会社であり続ける
良き戦略（技）	環境変化を敏感に察知し、事業革新を起こし続ける。それに必要な経営システムを具備する
良き社員（体）	向上心を持ち、チームとして結果を出せる人材を多数有する
良きネットワーク	顧客やサプライヤーも含め、良きエコシステム（生態系）を構築し、その中心に位置する

○ マトリクスは応用しやすい

応用しやすい枠組みの筆頭はマトリクスです。これは2軸をとって、(多くの場合)2×2の合計4つのセルを作り、物事を考えます。

たとえば、「ジョハリの窓」というフレームワークは、自分について、❶「自分が気がついている」「自分が気がついていない」という軸と、❷「他人が気がついている」「他人が気がついていない」という軸の2軸で4つのセル（箱）を作り、自分の能力開発などに活用します。

これをマーケティングに応用すれば、❶「自社が気がついている」「自社が気がついていない」という軸と、❷「顧客が気がついている」「顧客が気がついていない」という軸でアンケートなどを分析することで、自社の新しいブランディング戦略などに生かせるかもしれないのです。

問題を構造的に捉えたり、
人に対する説得力を向上させる

一目置かれるためのポイント

1 見落としをなくす
2 バランス感覚が良い
3 オリジナリティを出しながらも先人の知恵をうまく活用する

PART 3

因果関係を考えるコツ

問題解決にも施策の立案にも威力を発揮する「原因と結果」の関係把握

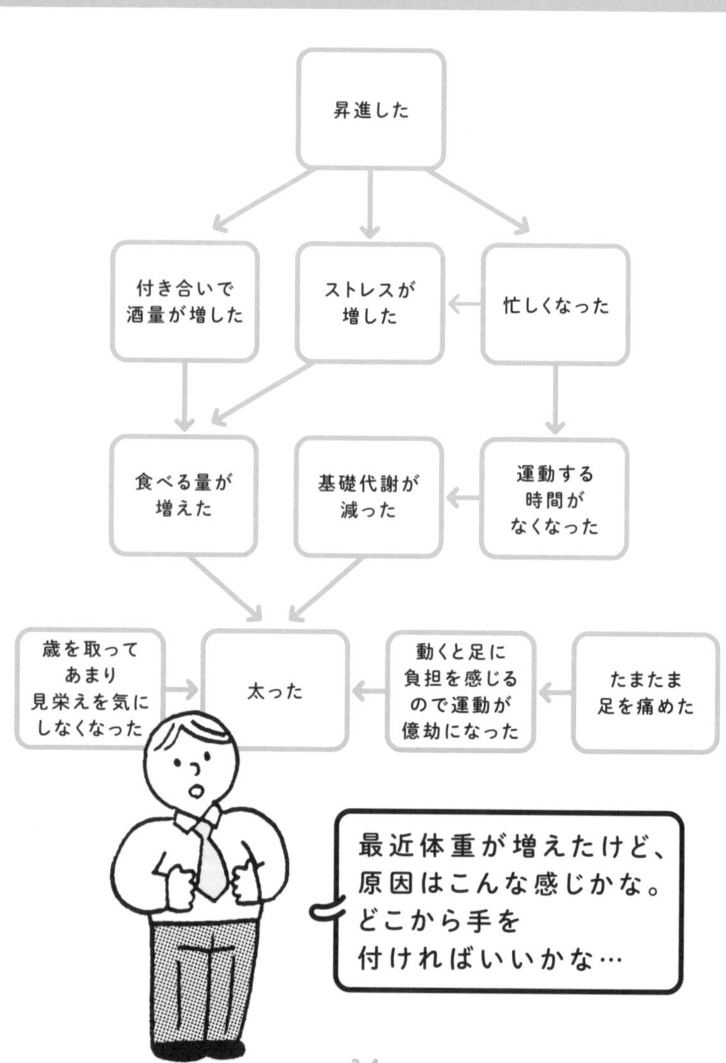

○「何をすれば何が起こるか」を知る

因果関係とは原因と結果の関係です。「毎日ビールを飲んで、他にもプリン体を多く含む食品を食べていた→尿酸値が上がった→痛風を発症した」というのは非常に単純な因果関係です。痛風を治すならば、血中の尿酸値アップの原因となるビールやプリン体を含む食品の摂取を控えることが効果的でしょう。

因果関係は、このように問題解決にも役に立ちますし、**「こういうことをすれば、それが原因となってこのような結果を導くだろう」という想像力を働かせることで、施策立案にも活用できます**。冒頭カットではさまざまな要因が体重増の原因になっていることが読み取れますが、どの原因が特に体重増という結果に効いているのかが特定できれば、効果的なアクションにつながりやすくなります。

ただ、因果関係を明確に示すことはなかなか難しいものです。実験などを通じて条件ごとの比較をしやすい自然科学の分野でさえ、事象の原因がいまだに分からないという例は多数あります。ましてやビジネスの世界では、冒頭カットの例以上に、いろいろな因果関係が複雑に錯綜しているケースもあります。それゆえ、因果関係の特定は必ずしも容易ではありません。とはいえコツはありますので、それを理解しておくことは非常に重要です。

○相関関係を見る

まずは、相関関係があるかを確認することが第一歩です。相関関係とは、一方が増えればもう一方も増えるといったような関係です。たとえば、人による差はありますが、語学の勉強時間と語学の読み書きの能力はある程度相関します。「勉強時間が多ければ読み書きの能力が上がる」というのは常識的に考えても納得性は高いでしょう。相関関係が実際に示されたうえで、直感的に皆が「まあそうだな」「蓋然性(がいぜんせい)が高いよね」と考える結論は妥当性が高いことが多いので、一つの武器になります。

「ある場合とない場合で差が出る」というのも、因果関係の一種です。もしAという場所にいるとくしゃみが出るのに、Bという場所ではくしゃみが出ないのであれば、くしゃみの原因はAの場所固有に存在する何かにある可能性が高いでしょう。オフィスの内装の化合物や、そこだけにある観葉植物などがその候補になるわけです。もし実験できるなら、心当たりのあるものを移動してみてくしゃみが出るかを確認すると、原因が明確になってきます。

なお、ある結果は必ずしも1つの原因だけに起因するものではありません。たとえば、あるビジネスパーソンの給与のレベルは、本人のビジネス能力だけで決まるのではなく、業界の給与レベル、努力の程度、結果へのこだわり、上司や同僚の出来などにも影響を受けます。そうした原因の候補をいくつか洗い出し、何が結果に効いてきそうかを考え、可能であれば実験や観察で裏付けることが有効です。

○ 疑似相関に注意

相関関係は因果関係の必要条件ではありますが、十分条件ではありません。つまり、一見相関関係があるようでも、それが本当に原因と結果の関係になっているかは分からないということです。有名な例は、「ピアノを習った子は学校の成績もいい」というものです。確かに、ピアノで指を使うことが脳に好刺激を与えるという向きもあります。

その要素は否定できませんが、一方で、「そもそもピアノを習っている子の家庭は裕福なことが多い。裕福な家庭は教育にもお金をかける傾向があるから成績も良くなる」という疑似相関の可能性もあります。あるいは、そもそも我慢強い子や規律がしっかりしている子が、ピアノの練習にも適しているし、それが勉強にも生きる、という見方もあります。もしこれらが正しいのだとしたら、無理に子どもにピアノを習わせても、必ずしも学業は伸びないでしょう。

別の例では、2020年に新型コロナウイルスの重症化の防止にBCG接種が効いているのではないかという話が持ち上がりました。確かに国ごとの比較を見ると、BCG接種（特に日本株やソ連株）をした国がそうでない国に比べて新型コロナによる重症化が少ないように見えます。特によく指摘されたのが、旧東ドイツと西ドイツの差、そしてイランとイラクの差、ポルトガルとスペインの差といった隣接地域における差でした。

一方では懐疑派の人からは、そもそも結核（菌によって起こります）のワクチンがなぜ物質的にはるかに小さく作用機序も異なる新型コロナに効くのかという当然の疑問も出ました。上記の国ごとの差異も、人口密度や生活様式の疑似相関ではないかという疑念が出されました。

ちなみに筆者も懐疑派です。もしBCGの接種が効くのであれば、日本でもそれが義務化された年の前後で断続的な（非連続的な）重症化率の差異が出るはずですが、実際にはそうなっていません。

あるいは、沖縄県についていえば、返還以前生まれのBCG非接種世代（2021年現在、おおむね50歳以上です）の重症化率が他の都道府県に比べて高くなりそうなものですが、こうした事実も観察されていないようです。このように**「もしこれが原因なら、ここに差異が生じるはずだ」という、「比較可能な」ポイントを見つけて検証することが非常に大切**です。

○ 好循環を探せ

先述したように、ビジネスの世界は単純な因果関係で説明できるケースはむしろ少なく、さまざまな因果関係が組み合わさったりしています。その中でビジネスの成功に重要な役割を果たすのが好循環です。

たとえば、ネットビジネスの基本ともいえるネットワークの経済性も好循環の一種です。一例としてiPhoneは、「ユーザー数が増える→アプリ提供者が増える→（便利になったことで）ますますユーザーが増える→（顧客が増えたことで）ますますアプリ提供者が増える……」という好循環をいち早く構築しました。SNSなどで一気にユーザーが増えるのも、便利さ（多くの人とつながれる、情報を得やすくなるなど）がますます多くのユーザーを引き付けるからです。

こうした好循環はいったん回り始めると自走しだしますから、いかに早くそこに達するかの勝負になります。そうした好循環構造を見出し、作り上げることが勝負のカギを握るのです。

一方で、その逆の悪循環もしばしば生じます。たとえば、スポーツビジネスで「チームが弱い→ファンが減って収入が減る→サラリーを出せないので、選手が離れる→ますます弱くなる……」というケースです。これもいったん回り始めると止めるのは容易ではありません。このケースでは、悪循環の芽を見つけたら、早期につぶすことがカギになります。

非常に複雑な因果構造の中には、高い確率でこうした好循環や悪循環が入り交じっているものです。ビジネスパーソンは学者ではないので、正確な因果関係図を描くことが期待されているわけではありません。むしろ、その中にこうした循環構造がないかと仮説を立て、それを簡単でもいいので検証していくことで、大きなリターンを得られることが多いのです。

問題解決を効率的に行ったり、施策の有効性を検討する

一目置かれるためのポイント

1 相関を見極める
2 疑似相関を見極める
3 循環構造を活用する

PART 4

比べて考えるコツ

比較することで単独では見えない「意味合い」や「示唆」を引き出すことができる

○ 定量分析の基本は比較

比較という行為はさまざまな事柄についてできるものですが、本項では特に比較が容易な数字について議論します。なお、一見比較が難しい「リーダーシップ」や「仕事に対する熱意」のような項目も、360度評価のような手法を用いれば、完ぺきとはいえないまでもある程度は定量化することができ、それによって比較がより容易になります。

なぜ比較が重要かといえば、何かと比較しないとそれが大きいのか小さいのか、あるいは良いのか悪いのかの意味付けができないからです。

たとえば、筆者の身長は175cmですが、その数字だけでは「だからどうした?」ということになります。日本人であれば、だいたい170cm前後が男性の平均身長ということが経験的に分かっていますから、少し身長が高めだねということになりますが、グローバルレベルで見れば、オランダのように男性の平均身長が184cmという国も存在します。仮に筆者がオランダに赴任し、現地で服を買うというシチュエーションを想定するなら、おそらくSサイズということになるでしょう。そのときは、日本人の平均との比較はあまり役に立ちません。目的にもよりますが、**適切な数字と比較をし、そこから意味合いを引き出すことが必要**です。

○ 多面的な比較で実態に迫る

比較はなるべく多くのものと行うと、より実態が見えてきます。通常、比較するものとしては、予算（計画）、過去の数字、ライバルや競合の数字などが典型的です。

たとえば、営業担当者Cさんの成績が予算達成度は98%、対昨年比で102%だったとします。これだけを見ると平凡な気もしますが、社内での売上げはナンバー1で、2位の2倍の売上げを誇り、同業他社でもCさんに並ぶ実績を上げている営業担当者はいないとします。であれば、Cさんは業界でも突出した実績を誇っており、予算達成度や昨対比が普通に見えるのは、過去の実績が良すぎるがゆえに非常に高い目標を課せられているからということが分かるでしょう。

冒頭の例に出したトヨタは、確かにGAFAのようなIT企業などと比べれば時価総額は小さく見えますが、テスラはやや例外として、オーソドックスな自動車の業界では世界一ですから、日本を代表する企業としての面目は施したともいえそうです。

売上げや利益に対する倍率で見ると、また見える世界は変わってきます。トヨタの2020年3月期の連結売上高は約30兆円、営業利益は2兆4千億円ですから、時価総額は売上げより小さく、営業利益の11倍程度ということになります。

一方、テスラは、2020年12月期の売上高が約3兆5千億円、営業利益は2200万円で初めて黒字になりました。つまり、前年まで赤字企業だったにもかかわらず、時価総額は売上げの20倍に達しているということです。これは同社の潜在的な成長力を投資家は高く評価している証といえそうです。日本のライバルであるホンダや日産、あるいは世界的ライバルであるフォルクスワーゲンと同様の比較を行うと、さらに現在のトヨタの立ち位置を正確に把握できるでしょう。

○ 意味のある比較を行う

定量分析では「apple to apple」ということがよくいわれます。端的にいえば、**比較をするのであれば、極力同じ定義や測定条件で出てきた数字と比較すべき**というものです。たとえば身長という数字は、世界各国で定義に大きな差はありません。また、朝測るか夜測るかで数ミリ程度の誤差は出るかもしれませんが、10cmもずれたり、場合によっては半分になるということもありません。その意味で比較しやすい数字です。

一方で、企業ごとの平均年収はどうでしょうか。これはやや曲者です。平均年収ですから、式で表せば、年収総額÷従業員数となります。カギは何をもって従業員とみなすかでしょう。

昨今は働き方も多様化し、正社員ばかりというわけではありません。派遣の方もいれば、契約社員の方も多いでしょう。特に契約社員の方の扱いはやや面倒です。もしフルタイムでその企業でしか働いていないのであれば、本来は従業員と同じ扱いにすべきともいえますが、場合によっては「外注費」という項目に仕分けされ、年収総額には反映されていないかもしれません。我々グロービスも、正社員以上に売上げに貢献されている外部の講師の方は多々いらっしゃいますが、やはり外注費となってしまいます。

また、世の中のランキングを見ると「ホールディングス」と名の付く企業が平均年収の上位に来ることが多いです。しかし、これは社員の役割や年齢層が通常の事業会社とは大きく異なりますから、多くの企業にとっては適切な比較対象ではないのです。

その他にも「営業担当者当たりの売上高」や「売上高開発費率」などは、実態を知らずに比較してしまうと正しい意味合いを引き出せないことがあります。

ライバル企業では営業とエンジニアは厳密に分けている一方で、自社ではエンジニアが顧客先に出向き、営業的な仕事にも多くの時間を使っていたとしたら、彼らを営業人員にカウントしないで「営業担当者当たりの売上高」を出してしまうと、見た目以上に自社の生産性が高いように見えてしまうのです。

○ With or withoutで比較する

これはやや上級編ですが、ある要素があるものとないもので比較することも有効な示唆をもたらすことがあります。科学の実験などでは当たり前の手法ですが、ビジネスでも使えることがあります。

具体的には「創業者が現在も社長である企業の業績」と「創業者がもういない企業の業績」を比較するなどです。このケースでは、すべての該当企業を選ぶわけにはいかないので選択の際に恣意性が入ることは否めませんが、極力それを排することである程度意味のある示唆を引き出すことはできます。ただし、この事例の場合は26ページでもご紹介した疑似相関が生じる可能性があるので（例：創業者が現在も社長である会社は若い会社が多いなど)、そこには注意が必要です。

むしろ、自分が本当に知りたい要素の有無の差を、自然科学の実験のようには簡単に調節できないことの方が多く、疑似相関が生じやすいと理解しておくことが大切です。

たとえば、MBO(目標管理制度)を高圧的に行うのとマイルドに行うのとで、どちらが育成上の効果が出るかを社内で実験するのは容易ではありません。できなくはないですが、もしどちらかの結果が悪いとしたら、その実験に付き合わされた人間からは不満が出るでしょう。そこで仕方なく、そもそもそういうやり方をしている上司間で比較を行うといった手段が次善の策として用いられるのですが、そこには当然、MBO以外の要素も(例:営業と開発で多少異なる)入ってしまうのです。

なお、社会科学の分野では、意図せずに生じた差異を比較して意味合いを導き出す「ランダム化比較試験(Randomized Controlled Trial)」が用いられることがあります。一企業で行うのは必ずしも容易ではありませんが、そうした対照群がないか検討してみることも時には価値を生み出します。

数字を正確な意思決定やマネジメントに活用する

一目置かれるためのポイント

1 複数の見方で比較を行い立体化する
2 本当に比べて意味のあるものと比べる
3 「あるなし」の影響を深く洞察し、落とし穴を避ける

PART 5

目で考えるコツ①

目の前に記録やイメージの残像が
残っていることで思考が活性化する

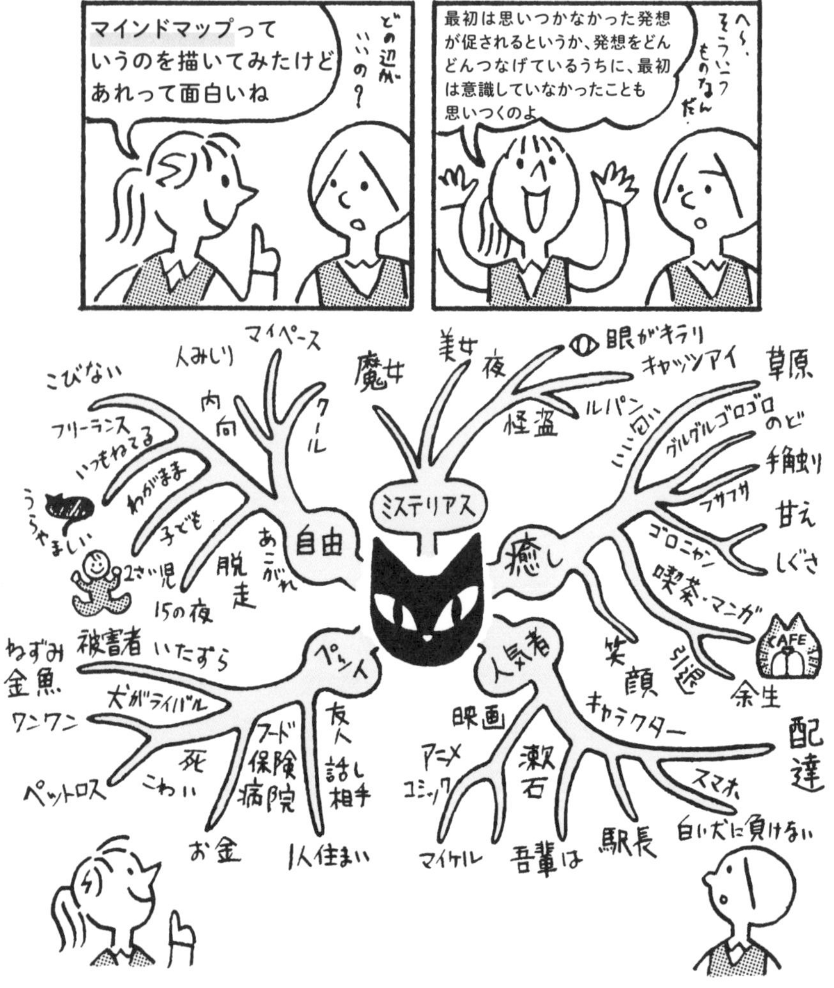

○ 目は第二の脳である

対象にもよりますが、人間は視覚化されていないものを考えることを苦手とします。たとえば、藤井聡太二冠（2021年4月末現在）の大活躍で注目を集めている将棋。一流のプロともなると頭の中で盤面を完全に再現できますが、アマチュアでそれで戦える人は稀でしょう。

通常は、実際に盤面を目で見て、「この駒をこう動かすと、相手はおそらくこう対応してくるだろう。であれば……」などと考えることで、より良い手が閃くのです。「脳内将棋（盤や駒を使わずに頭の中だけで行う将棋）」ができる一流のプロであっても、将棋そのものを指すことは可能でも、ミスを防ぐことに精いっぱいで（持ち駒の歩の数などは錯覚しやすいそうです）、「超好手」を発見するのは容易ではありません。

ビジネスも同様で、視覚を味方につけられるか否かで思考の効率性は大きく異なってくるのです。なお、グラフについては次項で説明することとし、本項では主に視覚化ツールについて解説します。

○ 代表的な視覚化ツールを知る

有名なフレームワーク（19ページ参照）は押しなべて視覚化ツールともいえますが、その中でも特に目で確認するからこそ考えを進めることができるツールがあります。たとえば、次のページの図1に示したPERT図（作業の工程を丸と矢印と数字で表現した図。プロジェクト管理などに用いる）はその典型といえるでしょう。

［図1］ PERT図

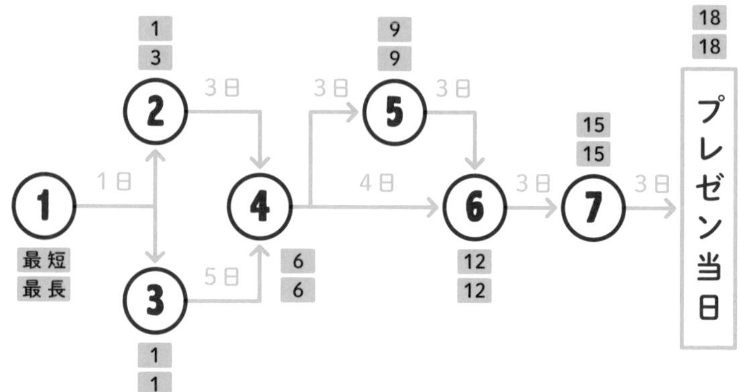

出典：嶋田毅監修『ビジネスフレームワーク見るだけノート』宝島社、2020年

このレベルのPERT図であれば頭の中で考えることも可能かもしれませんが、複雑なものになるともうお手上げのはずです。これらは**図示化して考えるからこそ、不備に気がついたり、クリティカルパス（プロジェクトの全工程を線で結んだときに最長となる経路）が判明し、その短縮化を具体的に考えることができる**のです。

ソシオグラム（人物相関図。交渉などで用いる）なども同様です。これらは、パワーポイントや作図ソフトで動かしながら考えられる（もちろん最初はホワイトボードや自分のノートでの手書きでも構いません）、あるいは考えるべき要素の抜け漏れをチェックできるというメリットもあります。

問題解決で有名なロジックツリー（ある要素をモレなくダブりなく分解した枝分け図。174ページ参照）も、実際に手を動かして書いてみる方が、はるかに精度の高いものが作れます。

これらの他にも、ラフでもいいので因果関係（24ページ参照）を可視化して描いてみたり、何らかの秩序があるもの（組織や市場セグメントなど）の構造を把握すべく図示化してみることも、物事を考えるうえで非常に有効です。

ビジネスは関係性の上で成り立っているともいえます。それを可視化して考えることは、正しく物事を把握するうえで大きな武器になってくるのです。

想像力を掻き立てるために視覚を用いる

冒頭で話題になったマインドマップがその典型ですが、**思いつくものを関連付けながらどんどん書き出し、それを組み合わせることでイノベーティブなアイデアを考えることも可能**です。

マインドマップでは、表現したい事柄の中心となるキーワードを中央に置き、そこから放射状にキーワードやイメージを広げ、つなげていきます。発想を広げたりつなげたりすることで創造力が磨かれるのです。特に欧米の企業においては何かを創造するうえでよく用いられているようです。

実際に用いている企業としては、マイクロソフト、ウォルト・ディズニー、コカ・コーラなどがよく知られています。その実物はご紹介できませんが、ネットで「マインドマップ　企業実例」などのキーワードで検索すると、かなりの数がヒットしますので、それらを参考にされるといいでしょう。

ポイントは、しかめっ面をして堅苦しく考えるのではなく、楽しみながら、自分の思いをどんどん吐き出していくことです。

似た方法論にマンダラートがあります。これは、3×3のマトリクスの中心にキーテーマを置き、関連するワードをどんどん書き出していくものです。そして新たに出てきた8つのワードを新しい3×3のマトリクスの中心に置き、また思いつくワードを書いていきます。これも視覚を活用しながら想像力を掻き立てるうえで非常に有効とされています。メジャーリーガーの大谷翔平選手が若い頃に用いたことでも有名になりました。これもネットで検索すると多くの実例が見つかりますので参考にしてください。

○ 自分の思考の癖を知る

視覚化したツールを用いることは自分の仕事にも直接役に立ちますが、もし余裕があるなら、それを誰かに見てもらい、おかしな部分がないか、あるいは思考の癖がないかをチェックしてもらうと有益です。

筆者自身、そうして可視化されたものを多数見てきましたが、それを見るとやはりその人の思考の癖というものが分かってくるものです。たとえば、製造業の人はどうしても発想が製造業の枠にとらわれてしまいがちです。あるいは商品開発担当の人に「どうすれば売上高が伸ばせるか自由に考えてみてください」

と言ってアイデアをマインドマップ的に書き出してもらうと、ほとんどのものが商品自体に関するものになりがちで、チャネルの視点などは出てこない、というのもよくあることです。

思考の癖そのものは一朝一夕に変わるものではないかもしれませんが、意識しておくのと無意識のままでいるのとではやはり大きな差につながります。

また、可能であれば他人が可視化したものを見てみるのもいいでしょう。そこには必ず新しい発見があるものです。ただ、そうしたものは記録にとどめておかないとすぐに忘れてしまいますので、それをメモや写真として残し、必要なときに引き出せるようにすると、いざというときにヒントになります（198ページ参照）。

複雑な事象を検討したり、自分の発想を無限に広げる

一目置かれるためのポイント

1 重要なモレをなくしながら可視化する
2 発想に自分で枠をはめない
3 他人の良い部分はどんどん活用する

PART 6

目で考えるコツ②

グラフを描くことで、アラビア数字の羅列では見えなかったヒントが一目瞭然になる

1年後…

○ グラフはアラビア数字に勝る

ビジネスに数字はつきものですが、アラビア数字の羅列を単に眺めていてもその意味合いはなかなか分からないものです。数字を表ではなくグラフに置き換えることは、最も単純かつ有効な視覚で考える行為です（相手に伝えやすくなるというメリットもあります）。図2のグラフを見てみましょう。ある業界の売上げの推移です。

[図2] 業界売上高の推移

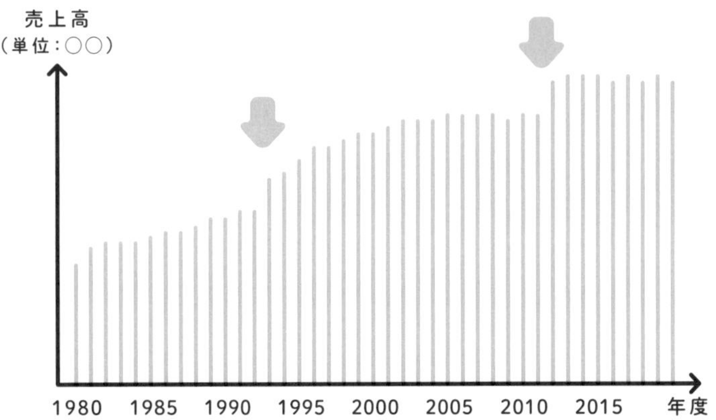

この業界は基本的に頭打ちとなっていますが、過去に2回、急に伸びた時期があったこと、そして近年はまた成長が鈍化していることが読み取れます。急に市場が伸びた時期に何があったのかなどを調べると、最近の停滞を打ち破る起爆剤のヒントが得られるかもしれません。

ちなみに、人間は予測を立てるとき、過去のトレンドからそのまま外挿する習性があります。実際、多くの出来事はその通りになりますので、それが一概に悪いというわけではありませんが、気をつけるべきシーンもあります。

たとえば、強力な代替材（同じニーズを満たす別の形の製品・サービス）が現れたときなどは、個別の企業どころではなく、業界の売上げそのものが消えてしまうことすらあります。どのような機会や脅威が目の前にあるのか、アンテナを張っておくことも大切です。

○「目で考えられる」グラフを作る

グラフ化にあたっては、「目で考えられる」グラフにすることが大切です。以下の点には意識を向けましょう。なお、ここではデータの出典は確かで、得られた数字は正しいものとしますが、場合によってはそこから確認することも必要です。

- 軸は適切かを確認する（目盛りや起点、2軸を入れることの妥当性など）
- 全体がバランスよくグラフに収まるようにする
- 不要な省略はしない
- 余計な補助線は最初は省く（エクセルではデフォルト設定になっていることがある）
- 比較を行う場合には比較しやすい図にする（例：円グラフ同士の比較は規模感が分かりにくい場合がある）
- 色分けが使える場合は適宜用いる

○ 相関図を描く

グラフは図2のような単純な棒グラフや折れ線グラフでも威力を発揮しますが、X軸とY軸の2軸で相関を見るとさらに面白い発見をできることが多々あります。例として、図3のようなグラフが描ければ、雑誌をたくさん売るためのカギの一つはスキャンダルの面白さであるということがいえるわけです（ただし、26ページで示した疑似相関には十分に注意しましょう）。

[図3] ある雑誌の売上げ

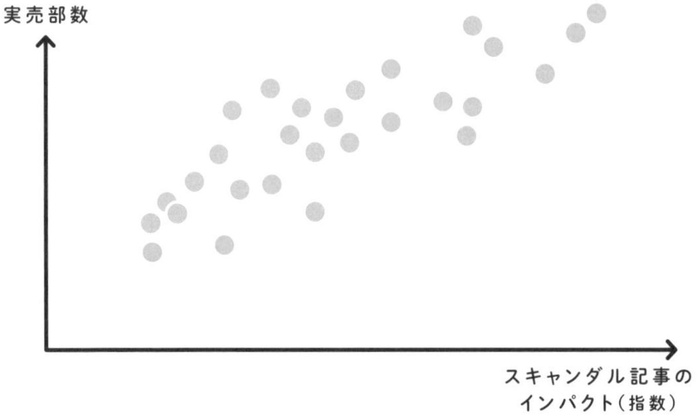

相関のグラフはアノマリー（特異な例）を発見することにも役に立ちます。これについては127ページで説明します。

○ 数字をとれる状態にしておく

これまではすでに数字があることを前提に説明してきましたが、シチュエーションによってはそもそも数字が準備されていないこともあります。たとえば、顧客満足度や従業員満足度は組織を運営するうえで非常に重要な要素ですが、必ずしも数字として測定されているとは限りません。「測定されていないものは管理できない」ともいいますから、これではマネジメントも非効率になります。

そこでまず意識したいのは、**組織や自分のビジネスにとって重要な事柄に関しては事後的ではなく、あらかじめKPI(Key Performance Indicators：重要業績評価指標、重要経営指標)として捕捉する取り組みをする**ことです。中央研究所であれば、特許数や論文数、テーマ数だけを見るのではなく、技術のポテンシャルやその強さなどもある程度数値化し、可視化しておくということです。

多くの企業では、財務数字やマーケティング・営業に関する数字、生産に関する数字は比較的捕捉されていることが多いですが、開発やコーポレート部門（本社部門）については、KPIの設定があまりされておらず、必然的に測定もされていないということが少なくありません。

「ためにする測定」はあまり効果的ではありませんが、コーポレート部門であれば「ライン部門からの満足度」など、知恵を絞ってKPIを設定することは可能です。これを早い段階でやっておくと、中長期的なトレンドなどの把握も容易になり、何か変調があったときにも気づきやすくなるのです（『KPI大全』〈東洋経済新報社〉参照）。

場合によっては遡って数字をとりにいくケースもありますが、その際は数字の前提などに変更がないかも確認しましょう。もし前提に変更があれば同じ条件の比較ができないからです（33ページ参照）。たとえば、ある事業の生産性を見ようとして1人当たりの粗利を時系列比較する際、ある時期にコンサルティングサービスも吸収していたとしたら、そこで非連続的に数字が上がってしまうかもしれないのです。

数字で情報がとれているケース

一目置かれるためのポイント

1 いろいろなグラフの特徴や落とし穴を知っておく
2 相関関係に着目する
3 必要になりそうな数字にあらかじめ当たりをつける

CHAPTER 2 応用編

PART 7

イメージで考えるコツ

イメージで想像することで具体的に
何が起こりそうかの当たりがつけられる

文字だけではなく、具体的なイメージをする

これは後述する「ストーリーで考えるコツ」（136ページ参照）にも共通することですが、人間は何かを考える際、言葉だけで考えるということはなく、ぼんやりとしたイメージで考えるものです。状況にもよりますが、具体的な案件を考える際には、頭の中でよりクリアなイメージを描いて考えると効率が上がることが多々あります。

その分かりやすい例がマーケティングにおける、製品のイメージです。よくアンケートなどで製品コンセプトを文字で表現したものを読まされて「買いたいと思いますか？」という質問に答えることがありますが、多くの人はその文字をいったん頭の中でイメージに置き換えようとするものです。その置き換えが人によってバラバラになってしまうと、アンケートの信頼性が損なわれてしまいます。

このとき、具体的なイメージを図で示すと、そうしたばらつきが減り、より信頼性の高い結果を得ることができます。**イメージという武器を使って考えることは、人間の思考を好ましい方向に促す**のです。

モノやサービスをイメージする

この例からも分かりますが、イメージで考えることがフィットする代表的なシーンに新製品や新サービスの開発があります。どんな人が買いに来るのか、彼らはその製品・サービスをどのように使うのか、それに対してどのような感想を抱きそう

か、どのようなプロモーションが効果的なのかなどをイメージしてみるのです。

そうすると、「このサービスは20代前半の女性を顧客ターゲットとして想定しているけど、彼女たちがこれを使っているイメージが今ひとつ湧いてこない。もっと直接的に訴求するものがないと競合に勝てないのではないか」といったことが想像できるわけです。

筆者はビジネス書を書くことが多いのですが、企画書を作る段階では、やはり読者像をイメージします。だいたいは30代のビジネスパーソンということが多いのですが、時には20代のビジネスパーソンを想定したり、逆に40歳くらいのビジネスパーソンをイメージすることも多々あります。そうしたイメージが出来上がると、それが文体にも反映されますし、用いる事例などにも反映されるのです（なお、20代向けでもあえて「背伸び」していただくためにあたかも30代向けの書きぶりをすることはあります）。

○ 具体的なイメージは良い議論につながる

マーケティングではペルソナという、サービス・商品の典型的なユーザー像をかなり具体的に設定することがあります。たとえば、「名前は山岡優香。東京都文京区本郷に住むアラサーのビジネスウーマン。IT企業で営業職をしている。年収○○万円。独身、彼氏あり。夜は自宅でネット動画を見ることが多い……」といった感じです。具体的にイラストを描くこともあります。

これなどは、より具体的な顧客イメージを組織内で共有し、議論するための仕掛けともいえます。「この山岡さんがこの製品を使うとしたら、こんな機能も欲しがるんじゃないのかな」といった議論がしやすくなるのです。具体的なイメージで考えることの力は偉大なのです。

○ 固有名詞で反応をイメージする

冒頭コミックでも紹介したように、ある制度を提案した場合、どのような反応が起きるかをイメージで考えることも有効です。「Eさんなんかは露骨に嫌な顔をしそうだ。Fさんは大賛成だろう」など、キーパーソンの反応などは固有名詞レベルで具体的にイメージしてみてもいいでしょう。30人程度であれば、固有名詞で考えることはそこまで大変ではありません。

大企業になるとさすがに全員の反応を固有名詞レベルで考えるのは難しいですが、それでも典型的な社員像を何パターンかイメージし、検討することは有効です。「30代の中堅社員には絶対に受けないだろう。この層にも受け入れられるような施策も盛り込んで改変すべき」といった感じです。施策というものはあまりに朝令暮改を繰り返すのも好ましいことではないので、事前にしっかりその反応をイメージしておくことが必要です。

ケースによってはソシオグラム（38ページ参照）という関係者の相関図を書くこともあります。その際、影響を与える人をモレなく書くことが必要です。そのうえで、そこに書かれた関係者がどのような反応を示しそうかを頭の中でイメージしてみるのです。

○「考え抜く」ことが大切

余談ですが、なぜか国家的な施策には、こうしたイメージで考えるという作業を欠いたと思われるものも少なくありません。マイナンバーなどはその典型といえるでしょう。プライバシーの問題もさることながら、利便性の高いものにしないと使われないはずなのですが、その部分の検証があまりなされていない気がします。

2020年前半には、9月入試にしてしまえばどうかという議論も出ました。一つの案ではありますが、誰にどのような影響を与えるかの議論が十分ではなかったように思います。今年の受験生にどのような影響があるのか、来年以降はどうなのか、学校関係者にはそれぞれどんな影響があるかなどです。

実際に全員がWin-Winになることはないとはいえ、これほど広範に影響を与えるような施策に関しては、やはりしっかりと考え抜くことが必要といえそうです。

○正しいイメージのために持ち続けるべき「現場感」

より正しくイメージで考えるために必要なのが現場感です。社員の現状を知らない人事部長が何か人事施策を考えてもうまくいかないでしょう。フランチャイズを展開するチェーンが店舗を改装する際にも、今の典型的な店舗の様子を知らずにこれを行うことはできません。

自分のアクションが影響を与える人をイメージするために

は、当然彼らのことをよく知ることが前提となります。本来当たり前のことなのですが、先のマイナンバーのように、意外になおざりにされることが多いものです。会社の管理職も、偉くなるにつれて現場感覚を失う人は少なくありません。

営業や生産部門はまだましなのですが、特にコーポレート部門の管理職は、ただでさえラインの現場から遠いところにいることもあって、現場感覚を欠くことが少なくありません。企業によってはそうならないように、ラインとコーポレート部門での人事ローテーションを積極的に行うこともあります。

自身をメタレベル（一段上から客観的に見ること）で眺め、「自分のイメージしている像は実態を反映しているか?」という自問をし続けることが求められます。

**何か新しいことを起こすときに誰に
どの程度の影響を与えるかを検討する**

一目置かれるためのポイント

1 顧客イメージを正しく持つ
2 固有名詞レベルでイメージする
3 実態と乖離しないように、現場感を持つ努力をする

PART 8

ネットサーフィンで考えるコツ

多数の意見を見ることでバランスよく考えられ、自分の思考や嗜好の癖が分かる

ネットは情報の宝庫かもしれない——ただし情報リテラシーがあれば

インターネットが商用ベースで利用されるようになってから四半世紀以上の月日が経ちました。情報量は年々増加しており、何かを調べる際に、まずグーグルの検索エンジンで検索をかけるという行為も一般化しました。今やネット検索なしに情報収集はできないといっても過言ではないでしょう。

一方で、ネットにあふれている情報がすべて正しいかといえばそんなことはありません。中には間違った情報が流通することもありますし、「間違ってはいないものの、情報が断片的でミスリードさせやすい」というケースもあります。

「正しく考える」という行為を行ううえで正しい情報は不可欠ですが、正しい情報だけをピックアップすることは思ったほど容易ではないのです。ではこうした玉石混交の情報とうまく付き合う、言い方を変えれば情報リテラシーを高めるにはどうすればいいのでしょうか？

意見と事実を峻別し、可能な限り原典・出典に当たる

まず必要な基本動作は、意見と客観的な事実を峻別することです。意見はあくまでその記事の執筆者の主観であり、事実とは異なります。もちろん説得力のある意見もありますが、基本的にその人の立場やアングル（モノの見方）を反映させていることには注意が必要です。これについてはまたあとで触れます。

もう一つの「客観的な事実」ですが、それが本当に客観的で

正しいかを確認するのは決して簡単ではありません。たとえば、日本の歴代総理大臣の在任期間のようなごまかすことが難しい情報であれば、ウィキペディアで調べることもできますし、他の出典を当たればすぐに確認することができます。また、統計の取り方を確認することは必須ですが、国や政府関連の機関が取りまとめたデータも信頼性は高いといえるでしょう（2019年には厚生労働省のデータが間違っていたというニュースもありましたが）。

査読された論文も通常は信頼度が高いといえます。ただし、論文の中には仮説を提唱した段階のものもあるので、その仮説を鵜呑みにしないことは必要です。出典が明示された書籍（特に学者が書いたもの）に含まれている情報も比較的信頼性は高いといえます。一般に**「起きたことが複数の情報源から保証されている」ものは客観性が高い**といえるでしょう。

「誰々がこう語った」タイプの情報には要注意

難しいのは、「誰々がこう語った」といったタイプの情報です。これらは語った人が故意に事実を曲げることもありますし、本人が勘違いする可能性もあります。『週刊ダイヤモンド』のような比較的信頼度の高い媒体のインタビューであっても、「聞かれた本人しか知りようがない情報」については、インタビューをする側も確認しようがないのです。

特に成功者のインタビューなどは一般に美化される傾向がありますから、それを鵜呑みにするのは時には危険です。媒体の信頼度について意識しつつ、最高レベルの媒体であっても、その手の情報は「話7分」くらいに聞いておく方がいいでしょう。

○ 意見の見分け方 ―― 立ち位置を知る

意見については、可能な範囲でその意見を述べた人間の立ち位置や、普段の発言の傾向を知っておくとよいでしょう。たとえば、政治的には保守なのかリベラルなのか、経済に関しては規制を好むのか自由を好むのかといったことです。業界首位の企業の人間と、それを脅かすベンチャーの人間でも当然立ち位置は変わってきます。また、ある特定の団体（政党や利権を持つ業界や企業など）のスポークスマン的な人もいるので、**誰の利益を代弁しているのかを意識しておくことも必要**です。

こうしたことを意識しておくと、仮に事実をベースに発言しているように見えても、自分にとって都合のいい事実を集めて論を組み立てている可能性があるのではないかと推論できるわけです。これは簡単ではないですが、日頃からさまざまな情報に接し、経験を積むとある程度は想像できるようになってきます。

○ 匿名の意見も参考になる

難しいのは匿名の意見についてです。特に日本では匿名投稿の文化が根強く、それがどの程度信頼できそうかを見極めることも、情報を収集し、自分の考えをブラッシュアップするうえで大切です。

匿名の意見はすべて切り捨てるという考えの人もいるかもしれませんが、それは必ずしも賢明ではないでしょう。筆者の経験からも、自分の視野の狭さを感じさせてくれる意見にしばしば出会うからです。論戦になっているようなスレッドは、それを読んでいるだけで「なるほど、このように考える人もいるんだ」「こういう立場の人はこう考えるのか」と感じることができ、それ自体が勉強になることもあります。

ただ、そこでの論をそのまま自分の意見とするのはやや危険です。そこで用いられている根拠などについて確認することが必要です。すぐに確認できない根拠を用いている意見は要注意です。匿名であってもブログなどは過去記事から本人の傾向が分かりますし、IDで過去の投稿を見られるものもあります。それらの傾向を見ておくことも有効です。

根拠を示しているものでも一応確認を

これは記名記事でもいえることですが、根拠を示しているからといって、それが正しいとは限りません。**自分の常識に照らして「本当か？」と感じたら調べる癖をつけるとよい**でしょう。そうすることで、自分の「常識」（ここでは真贋を見抜く目という意味合いが強いです）をより適切なものにすることができます。

たとえば、2020年には「新型コロナウイルスはコロナウイルスにHIVの一部を融合し、中国が人為的に作ったものだ。なぜならHIVと類似の遺伝子がある。HIVの発見でノーベル賞をとったリュック・モンタニエもそれを支持しているのが何よりの証拠」という言説が出回りました。「ノーベル賞学者」の言葉は一般的に重みがあります。しかも専門外の分野ではなく、レトロウイルスという、ある意味専門分野に関する発言です。

それを信じる人が多いのも頷けます。

これについては筆者は非常に違和感を抱いたので、ネットで調べてみることにしました。そして分かったのは以下のことです。

- モンタニエは近年「トンデモ科学」を支持する発言などが多く、科学者コミュニティからは白眼視されている
- 新型コロナウイルスとHIVの類似箇所は、レトロウイルス全般に見られるもので、 HIVの一部を新型コロナウイルスに導入した根拠にはならない

ただ、先述のような「トンデモ」な言説も、ツイッターなどですぐに拡散するのが現代という時代です。いかに自分の中の「常識」を作り上げるか、そのために常日頃からバランスのいい情報収集をすることが大切なのです。

多くの情報に触れ、
自分の頭を「アクティブ」な状態に保つ

一目置かれるためのポイント

1 意見と事実を峻別する
2 意見の「背景」を見抜く
3 違和感があったら確認する習慣をつける

PART 9

N＝3で考えるコツ

何か新しいアイデアを考える際に、世の中のすべてを調べていてはスピードで負ける

少ないサンプルから良い仮説を導き出そう

ここでいうNはサンプル数のことです。3という数字は象徴的なもので、場合によっては2でも4でも構いません。つまり、**少ない数のサンプルから有効な仮説を考えよう**というのがここでの趣旨となります。「仮説を立てる」というと小難しい印象がありますが、要は「仮の答え」をいったん持とうということです。

たとえば、「こういう商品が売れるのではないか」「こうしたら顧客は喜ぶのではないか」あるいは「今、手間暇をかけているこの作業はなくしても顧客満足に影響しないのではないか」などです。場合によっては外れる可能性もありますが、その場合は修正すれば済む話です。だからこそ、**仮説構築に時間をかけすぎるのではなく、スピーディに仮説を立て、検証していくことが必要**となるのです。

なお、仮説構築の際のサンプルは少なくてもいいですが、検証する際には少し多めのサンプルについてアンケートなどで確認して、その仮説が妥当なのかを検証する必要があります。

無難さを取るか、アグレッシブに行くか

N=3で仮説を立てる例を考えてみましょう。ある出版社が経済関係の簡単な書籍を出すシーンを考える際に、どのようなテーマが行けそうか仮説を立てるにはどうすればいいでしょうか。

いくつかの方法論はありそうですが、たとえば『週刊ダイヤモンド』『週刊東洋経済』『日経ビジネス』の3誌について数週間分を見ていくと、自ずとビジネスパーソンの関心の在り処（厳密にいえば、それらの経済誌が想定するビジネスパーソンの関心の在り処）をだいたいは把握できるでしょう。老後の暮らし、子どもの進学、転職、DX、経済動向などです。こうしたテーマ候補をベースに議論していけば、それほど大外ししない結果を得られそうです。

もちろん、世の中の雑誌等をもっと調べるという方法もありますが、それでは少し時間がかかってしまいます。「この3誌を見ておけば、大きなモレはないだろう」という点がポイントです。ただ、これは比較的無難なテーマを考えるときの方法です。よりアグレッシブなテーマを求めるなら、より独自の編集方針をとるメディアなどをチェックすると効果的でしょう。

○「この人に聞こう」と思える「先端の知人」をたくさん持つ

上記の例は一般に流通している情報から考えましたが、時代の先端を行っていると思われるキーパーソンの話を参考にするという手も有効です。

ファッションであれば、「この人はオシャレだな」と思う人3人程度に話を聞いたり、観察してその共通点を見ていくと、これから流行るファッションの予測ができたり、汎用的なオシャレのコツが閃くものです。

あるいは俗にいう「ライフハック」的なことをしている感度

の高い人に話を聞けば、これからの働き方のヒントを得られるかもしれません。ビジネスは通常、ライバルより先を行くことが大事ですから、この方法は有効です。

先の書籍の例でいえば、著名な経営者など優れたビジネスパーソン数人に「今どんなことに関心がありますか?」という質問ができれば、時代の先端を行く面白いアイデアを得られるかもしれません。

たとえば、日本を代表する経営者である孫正義氏や柳井正氏、永守重信氏などに話を聞くことができ、そこで彼らがまだ世の中でそれほど注目されていないテーマについてコメントをしたなら、それは実際に世の中の動きを先取りしている可能性が高く、読者の関心も引けそうです。

そこまでの大物に話を聞くことは難しくても、「一般的には知名度は低いけれど優れた人」も世の中に多いものです。常日頃そうした人と接点を作り、さりげなく情報収集できる状況にしていくと、効果的な仮説が閃く可能性も増していきます。

○ 組織の力でレバレッジをかける

とはいえ、自分の人脈の中だけであらゆるテーマについてのキーパーソンを網羅することはできません。筆者の場合、ファッションや料理となるとそこまで関心が強いわけではないのでお手上げです。あるいはスポーツであれば、バスケットボールやアメリカンフットボールの話はかなりできますが、ラグビーは全く門外漢です。

そうしたときに力になるのが組織というものです。ある程度の大きさの組織であれば「これについて詳しい人をどなたかご存じではないですか?」といったような形で社内に発信することで協力を得られれば、キーパーソンに早くたどり着けます。

逆にいえば、組織としても同質的な人間ばかりを採用するのではなく、多様性のある人材を採用することが、感度のいい組織を作ることにつながるのです。

最近、ダイバーシティの重要性が叫ばれるようになりましたが、これは単に女性やシニアの活躍、あるいはグローバル対応のための外国人の活用などを目的としているものではありません。多様なバックグラウンドの人々が増えることは「集合知」のレベルを高めるとともに、情報のソースの多様化をもたらし、企業の競争力向上にもつながるのです。

○ 日頃から行動し、観察眼を鍛える

N=3というと比較的数が少ないようにも見えますが、決してそうではありません。店舗開発や消費者行動について考えてみましょう。この場合は、単に3人の消費者だけを見ておけばいいというものではなくなります。

場合によっては3カ所の売り場を見ることで、何かしらの仮説を作るというシーンもありそうです。たとえば、ドン・キホーテ、マツモトキヨシ、セブン-イレブンの各店舗を1時間観察していると、一見気がつきにくい消費者動向の変化に気づける

かもしれません。

あるいは、いつも行っているランチのお店も、よくよく観察してみるとメニューの変更や内容物の微妙な変化はあるものです。そうした観察を積み重ねていくと、「海藻をもっと消費者にプッシュできないか？　それで商売ができないか」といった発想に結びついていくのです。

頭の中だけで考えていても仮説というものは出てきません。フットワーク軽く、街を散策したり、貪欲に情報と触れようとする姿勢から面白い仮説が生まれてくるのです。

そして余裕があれば、ぜひそれを同僚と議論してみましょう。必ず新しい示唆がもたらされるはずです。これも、毎回同じ人間とだけ議論するのではなく、**議論する相手を適宜変えると、もたらされる情報にも幅ができますし、自分の思考の「動脈硬化」を抑えることにもつながります**。

仮説をスピーディに生み出し、
仕事をどんどん進める

一目置かれるためのポイント

1 目的に合わせて観察対象を変える
2 先端との（直接的+間接的）接点を多く持つ
3 受け売りではなく、自分の観察力を鍛え、生かす

PART 10

確率で考えるコツ

確率を用いることで効用を
最大化できる可能性が増す

○ 前例があるほど確率は武器になる

現実のビジネスにおいて、先のコミックで示したレベル感で確率を見積もるのは難しいことが多いでしょう。これがもしバスケットボールというスポーツであれば（グロービスもグループ会社としてバスケットボールチームを持っています）、選手ごとに、シュートを打った位置（ゴールからの距離や角度）からのシュート成功率などがすべて分かりますので、それをベースに戦術を練ったり、コート上で当初の予定が崩れた際のパスやシュートの判断などに生かせます。

一方ビジネスでは、スポーツほど同じシーンはなかなか出てきません。それゆえ、確率に頼ることが難しいケースが多いのです。とはいえ、ある程度繰り返されるものについては、確率が活躍する場面が増えます。

たとえば、大企業の人事の採用担当であれば、「こういう属性、あるいは特性の人間は自社で活躍しやすい」といった確率をある程度把握することはできるでしょう。経営環境は毎年変わりますので常に前例を踏襲することはお勧めしませんが、「9割の人材は過去の確率に基づいて採用する。残り1割については新しい血を入れるためにチャレンジングな試みを行う」などとすれば、好ましい結果が得られる可能性は増すかもしれません。

新規事業などについても、「このタイプの新規事業の成功確率は○○％、このタイプは△△％」といった判断ができるだけの事例数はたまるものです。過去の数字を信頼しすぎることは危険ですが、確率とうまく付き合っていくことで、最終的なリターンを上げることは可能なのです。

○ 基本はディシジョンツリー

確率で考えるうえで基本となるのは、ラフでもいいのでディシジョンツリーを書いてみることです（ディシジョンツリーの詳細については『グロービスMBAキーワード　図解　基本フレームワーク50』〈ダイヤモンド社〉などの書籍をご参照ください）。

［図4］ディシジョンツリー

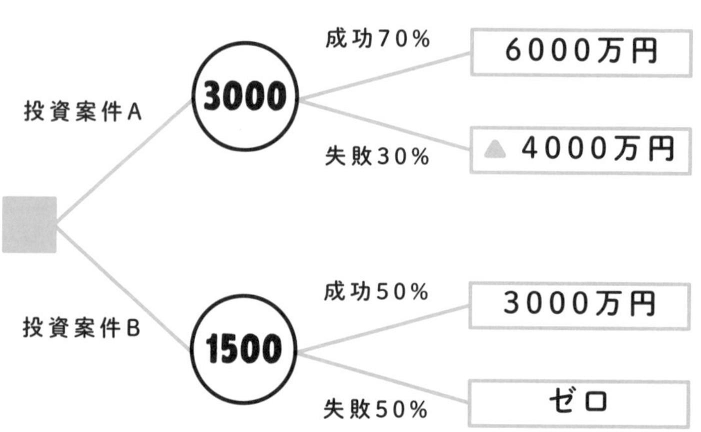

○ ディシジョンツリーは選択肢を客観的に検討できる

ディシジョンツリーの基本は、得られるリターン（効用）と確率から期待値を求め、最も期待値の高い選択肢を選ぶというものです。図4のケースでは、期待値の高い投資案件Aを選ぶことになります（ただし、マイナス4000万円の損失を許容できない場合は、あえて期待値は低いものの安全なBを選択することもあるかもしれません）。

大きなプロジェクトなどではかなり複雑なものを書くこともありますが、そこまでしなくてもある程度有効な示唆を得ることができます。**ディシジョンツリーを書くことは、自分にどのような選択肢があるのかを客観的に検討できるというメリットもあります**。

ディシジョンツリーを書いたことがなくても、それに似た発想を頭の中でしている人は少なくありません。たとえば、降水確率が40%の日に傘を持っていくかいかないか。傘を持っていった場合の効用（雨が降った場合は濡れずに済むが、雨が降らない場合は無駄な荷物を持つことになる）と、傘を持っていかなかった場合の効用（雨が降ると濡れるもしくは新しい傘を買う必要があるが、雨が降らなければ余計な荷物がない）を自分なりに設定し、期待値を比較して意思決定をしているのです。

ちなみに先述したバスケットボールでは、期待値の高いシュートは、❶比較的短めの3ポイントシュート、❷ゴール近くからの2ポイントシュート（ダンクやレイアップなど）、❸フリースローとなっており、こうしたシュートを打てるように戦術を組み立てることが近年では常識となっています。

○ 効用と確率を妥当性高く見積もる

ディシジョンツリーというツールそのものは慣れてしまえば決して難しいものではないのですが、実務的に難しいのは確率と期待値の見積もりです。

確率は先述したようにあくまで過去の数字であり、未来も同様かは分かりません。また、現実的には「成功40%、失敗60%」といった極端に離散的なものではなく、「大大成功10%、大成功10%、成功20%、小成功10%、小失敗10%、失敗20%、大失敗10%、大大失敗10%」といったこともあるかもしれません（実際にはもっと連続的なものになります）。それらの場合分けをし、確率を正確に見積もるのは容易ではないのです。

○ 期待値は「妥当性」「納得感」を意識する

それ以上に見積もりが難しいのは期待値です。たとえば、プロジェクトの場合、「成功」の効用を正確に金額で見積もることは容易ではありません。いずれもある程度割り切って設定することになりますが、その際にしっかり根拠をつけることが必要です。効用であれば、ファイナンスのNPV（正味現在価値）の概念を用いて金額換算するなどです。

未来のことを正確に予測することはできませんので、「正確」よりも「妥当性」や「納得感」を意識するのがいいでしょう。つまり**他人から説明を求められたときにその根拠がしっかり示せれば、より他者に対する正当性が高く考えられている**ということです。

○ 極端な楽観／悲観は避ける

実務的にもう一つ難しいのは、「雨が降る／降らない」といった自然現象とは異なり、自分の努力次第で確率も効用も変わることが多いということです。だからこそ、自分の実力（スキル、情熱等々）を含めて、過度に楽観的あるいは悲観的な見積もりは立てないことです。いずれも多くの場合、好ましい結果はもたらされません（ただし、可能性が1％でもあれば行くという人生を選ぶ人もいるでしょう。それ自体は否定されるものではありませんが、その場合も、失敗した後の対応などについてはある程度考えておく必要があります）。

京セラの創業者である稲盛和夫氏は、「楽観的に構想し、悲観的に計画し、楽観的に実行する」という名言を残しています。バランス感覚は非常に難しいですが、これも第三者の視点に立ったときにしっかり説明できるようにするというのが一つのめどになるでしょう。自分を正しくメタ認知することが求められます。

不確実な中で選択肢を洗い出し、より良い選択肢を選ぶ

一目置かれるためのポイント

1 期待値で考える
2 説得力のある前提を置く
3 メタ認知や第三者の意見を活用して極端に振れないようにする

PART 11

別の事例で妥当性を考えるコツ

反論を考えることで
より本質的なポイントに踏み込める

○ 効果的な反論を考える

冒頭コミックのようなケースは本来、銃に賛成の根拠と銃に反対の根拠をそれぞれ複数出したうえで比較し、どちらの方が妥当性が高いかを議論するのがよりいいのですが、相手が何かしらの持論を出してきたときに、「何か変だな」と思ったら、その根拠を覆すカウンターの根拠やその事例を出すことは、実務的にも効果的ですし、自分の思考力を鍛えることにもなります。

冒頭コミックに似たような例（厳密にいえば逆の例）としては、ファイル交換ソフトのWinnyのケースがあります。Winnyは東京大学の助手だった金子勇氏によって開発されたソフトでしたが、金子氏が著作権法違反幇助の疑いで逮捕されるという事態に至りました（後に裁判の結果、無罪が確定）。常識的に考えて、Peer to Peerの技術を世界レベルまで高めようとした人物を、著作権法違反幇助の疑いで逮捕というのは行きすぎでしょう。当時は、「包丁の発明者を逮捕したようなもの」ともいわれました。

これによってPeer to Peerの技術の進化が日本で止まったことは非常に残念だったとしかいいようがありません。逮捕の前に、冷静に「これは包丁の発明者を逮捕するようなものですよ」と諌める人間がいなかったのはいろいろな意味で不運だったといえるでしょう。

○ レベルの差に着目する

これまでの議論からも分かる通り、ある根拠を出されたときに、レベルの差を意識することは非常に効果的です。たとえば、「インターネット企業（フェイスブックやツイッターなど）はもっと悪質な投稿を取り締まるべきだ」という意見がありますが、皆さんがこれに賛成／反対するとしたらどのような根拠を出すでしょうか？

これに対しては、「道路や電話の施設者が、いちいちすべての交通や通信を取り締まりはしない。よってインターネット企業がすべての投稿を取り締まるのは現実的ではない」という意見があります。

一方で、インターネットの特性（情報がいつまでも残る、コピーしやすい、いつまでも検索に引っ掛かりやすい）を鑑みたときに、道路や電話と同様には考えられないというのも、説得力のある意見でしょう。「道路や電話などとは異なり、不法な投稿を放置することの害悪は比較にならない」と言えれば、インターネット企業にある程度の監視をさせるべきだという意見にも説得力が出るはずです。

もう一つ例を考えてみましょう。新聞の軽減税率（消費税が8%に据え置き）の根拠としていわれた「新聞は生活必需品」はどうでしょうか？　このケースでは、「生活必需品」の度合いがまず問題になるでしょう。食品が8%なのは分かるとしても、新聞がそれと同様といわれたら違和感を抱くのももっともです。女性にとって生理用品はなくてはならない生活必需品ですが、それが消費税10%であるのに対して新聞が8%というのはやはり妥当性に欠けるでしょう。

もちろん、このケースではそれ以上に「政権を監視すべき新聞が、政権に恩を売られるのはいかがなものか」という、さらに強力な反対の根拠もあります。まずは相手の根拠の妥当性に対する疑問を示し、加えてそれ以外の反対の根拠を出せれば、説得力は大きく増すのです。

それが本質的なポイントか、違和感を抱いたら考えてみる

たとえば、商店や定食屋などで支払いをするときに、546円の支払額に1101円を出す人がいます（筆者も現金払いしなくてはいけない場合は、そうした行動をとる人間です）。その狙いは、このケースであればお釣りが555円と、きりのいい額になるということです。

一方で、こうしたやり方を好まない、あるいはイラッとくる人もいるようです。特に自動レジではなく、電卓などで計算が必要な場合にはその傾向が強まります。そうした人の言い分は以下のような感じです。

「支払いで両替をするのは自分勝手で迷惑」
「自分中心に考えるのは社会人としては不適切」

「そうした支払い方をされたら、101円は突き返して、1000円だけを受け取り、454円のお釣りを計算して渡す」といった「過激」なことを言う人もいます。

さて、この根拠に皆さんならどう反論するでしょうか。私なら多分こう言い返すでしょう。

「901円の会計に1001円出すのと本質は同じですよ？　あなたはそれを否定するんですか？　先に1円だけ突き返して、残り99円を払うんですか？」

先のような根拠を出した人はここで反論できなくなります。

実はこの問題の本質は、「多くの人は、5円、50円、500円の繰り上がり（あるいは繰り下がり）計算が得意ではなく、特にそれが複数重なると暗算が追いつかない」ということなのです。546円の会計に対して、551円くらいなら対応できても、601円（お釣りは55円）になると「?」となり、1101円だとお手上げになってしまうのです。

相手の根拠に疑問を持ったら、単純化した例でそれが本質的な根拠になっていないことを示せれば、その価値は大きいものがあります。

○ 相手と視点をずらす

相手の根拠と視点や観点をずらすのも、有効なことが多いです。近年、大学の教員はパーマネント（終身）の雇用ではなく、期間限定の雇用で、その間に結果を出せなければ雇用継続なしというケースが増えてきました。もちろん、それには経費削減などの狙いもあるのですが、皆さんがこの制度に反論するとしたらどのような根拠を挙げられるでしょうか？

「そもそも基礎研究の成果を短期で測定することがおかしい」
「人材育成は短期の費用ではなく投資と考えるべき」
「腰を据えた研究は身分の安定に立脚する」

さまざまな意見はあるでしょうが、ポイントは相手の前提となっている視点をずらすことです。このケースであれば、「人は競争環境に置かれるほど良い結果を出す」という前提が、不確実性の高い研究などでは必ずしも当てはまらないということなどです。

この方法論は言い換えれば、同じ土俵で議論しないということです。ビジネスに限らず、世の中の事象はジレンマ（短期対長期、国益対人類益、消費者のメリット対社員のメリットなど）という「容易には両立しない」ことであふれています。そのもう一方の視点を提示し、相手の思考を揺さぶることは効果的なことが多いのです。

相手の根拠を無力化する
根拠を考えることで頭を鍛える

一目置かれるためのポイント

1 相手が気がついていない「レベルの差」を意識する
2 違和感をベースに考えを深める
3 相手とは別の軸で物事を把握する

PART 12

前提を変えて考えるコツ

それまでの常識や「当たり前」を疑うことでイノベーティブなものが生まれる

扇風機は羽根を回して風を出すものです

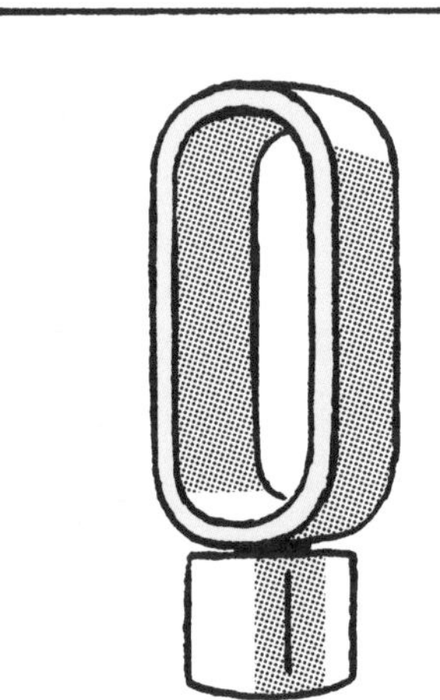

そもそも扇風機に羽根って必要ですか?

人間はいつの間にか暗黙の前提を置いてしまう生き物

一般論でいえば「常識」というものは非常に便利です。たとえば、就活学生のリクルートスーツは黒か紺というケースが多いでしょう。筆者が学生の頃はもっとバリエーションがあったように記憶していますが、いつの間にか黒と紺に集約されていきました。「それに従っておけば無難」という意識が浸透すると、そこから外れて考えることがどんどん難しくなっていくのです。

一方で、余計なことを考えずに済み、思考をショートカットできるというのは、確かに常識というもののメリットといえるでしょう。

冒頭の扇風機の例も、おそらく各メーカーの扇風機の製品開発者は、「扇風機とは羽根を回して風を起こすもの」という常識にとらわれていたと思われます。そうすれば確実に風は起こせますし、作るのも容易だからです。そのうえで何か差別化できないかを考えていたといえます。そこにダイソンは羽根なし扇風機というイノベーティブな製品を持ち込み（価格は高いですが）、一部の人に強く支持されたのです。

皆が思考をショートカットし、「これが当たり前」と思い込んでいる部分でその常識を覆すようなアイデアが出せれば、非常に大きな差別化につながることもあるのです。常識を疑うこの方法論は、クリエイティブな発想を促す水平思考（『グロービスMBAキーワード　図解　基本ビジネス思考法45』〈ダイヤモンド社〉参照）の要素の一つともされ、強く推奨されています。

○ 若者、よそ者、バカ者の声を聞く

町おこしなどをする場合、斬新なアイデアを生み出すうえでいいとされるのは、若者、よそ者、バカ者の声を聞くことです。これは一般的にも当てはまります。

若者はその若さゆえに、しきたりやしがらみに染まりきっておらず、自由な発想からアイデアを出せる可能性が高まります。

よそ者は、部外者ですから、その組織や地域の常識に染まりきっていません。ビジネスであれば、社外の人間や外国人などは、通常の日本人社員が染まりきっている常識にまだ毒されていないのです。

バカ者は少し表現は悪いですが、そもそも常識から多少外れた発想をするような人です。時には後ろ指をさされることもあるかもしれませんが、はまると良いアイデアをもたらしてくれることがあります。コミック「天才バカボン」のバカボンのパパのような人材を想定するといいでしょう。

こうした人をミーティングに招いて議論したり、あるいはヒアリングなどをしてみると、「常識人」には一見ありえない、びっくりする意見が出てくることがあります。それをいきなり否定するのではなく、まずは真摯に聞いてみるといいでしょう。

筆者が10代の人間と話をしていたとき、「なぜ多くの雑誌や本は縦書きなのか？　特に文庫は縦書きばかりだ」と言われたことがあります。「その方が読みやすいでしょ」と私は答えた

のですが、その若者は「自分たちはスマホで文章を読むことに慣れているから、横書きの方がいいんだけど」と答えました。これは筆者のような50代の人間には思いつかない発想です。今のところ、書籍や雑誌はまだ縦書きが多いですが、古い人間が常識を捨て、横書きに変えていくことにはそれなりの価値がありそうです。

○ あえて否定形を作ってみる

何か「お題」が決まっている場合、あるカテゴリーの新製品を出さなくてはいけない場合など、その製品の通常の属性を書き出し、それを否定できないか考えてみるという発想法があります。ここでは例としてカレーを考えてみましょう。カレーについて、「カレーとは○○である」という文章をいくつか書いてみましょう。以下のような感じです。

- カレーとは辛いものだ
- カレーは黄色系の色をしている
- カレーは昼食か夕食に食べる
- カレーはご飯かナンにかけて食べる
- カレーは肉や野菜を混ぜる
- カレーはスプーンで食べる
- カレーはカロリーが高い
- カレーは料理の素人でも作りやすい

これらをあえて否定した新製品ができないかを考えてみるのです。たとえば、「カレーは昼食か夕食に食べる」という常識を覆した「朝カレー」が発売されたことがあります。主流にはまだなっていませんが、新しい食べ方を提案できたらもっと市場を大きくできるかもしれません。

あるいは、「カレーはご飯かナンにかけて食べる」という常識を打ち破って、それ単独で食べられたり、他の食べ物、たとえば、シリアルと相性の良いカレーなどを開発できないか考えてみるのも面白いかもしれません。

先述した書籍や雑誌についていえば、最近「オーディオブック」が流行っています。これは「本とは読むものである」という常識を打ち破り、「本を聞く」ようにした製品と考えることもできます。すでに点字の本はありますが、技術が進化すれば、それ以外の方法論で「触覚で内容を読み取る」ことができる本も登場するかもしれません。コストが下がれば、VR（仮想現実）で書籍や雑誌の中身を体感するようなサービスも需要があるのではないでしょうか。

○「常識破り」と「常識破り」を掛け算してつなげてみる

よりエッジの効いた常識破りの何かを発想する方法論として、常識破りのものを複数組み合わせてみるという方法があります。何か異質のものや事柄をつなげたり、一見結びつきにくいものを組み合わせるだけで新しいコンセプトやものが生まれることは多いものですが（イノベーションがもともと「新結合」の意味です）、それをさらに「過激」にしてみるわけです。

例として、アイドルの常識を破ったAKB48（アイドルは遠い存在で、グループでもせいぜい数人という常識を破った）とコンビニコーヒー（低価格で美味しいコーヒーは飲めないという常識を破った）を掛け算してみましょう。そうすると、毎日日替わりで個性的な味のコーヒーを数十種類用意し、そこそこの値段で提供するといったアイデアが考えられます。現時点ではオペレーションの問題で実現は難しいかもしれませんが、そこで発想を止めるのではなく、どうすればそれを実現できるか考えてみると思わぬブレークスルーが生まれる可能性があります。

回転寿司（これも当初はイノベーティブなサービスでした）と「俺のイタリアン」を掛け算すると、何かしらの高級食材（と一般的に思われているもの）がコンベアでグルグル回ってきて、立ち食いでさっと済ませられるといった飲食店のアイデアが生まれるかもしれません。これも実現に向けての工夫は必要ですが、やりようによっては面白いのではないでしょうか。

ウェブ上で「常識を打ち破った商品」で検索すればたくさんのものが引っ掛かりますので、それらを参考にするのは、頭の活性化にもつながります。頭の体操的に考えてみるといいでしょう。

効果的なシーン

競合が思いつかないような
ユニークな製品・サービスを考案する

一目置かれるためのポイント

1 他人の常識に染まっていない頭を借りる
2 属性を言語化し、否定してみる
3 掛け算でつなげて考える

PART 13

ゼロリセットして考えるコツ

過去のしがらみや思考に制約されずに
ベストのものを構想できる

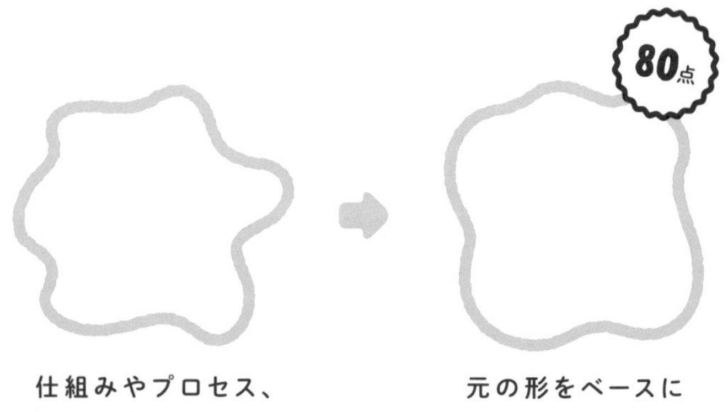

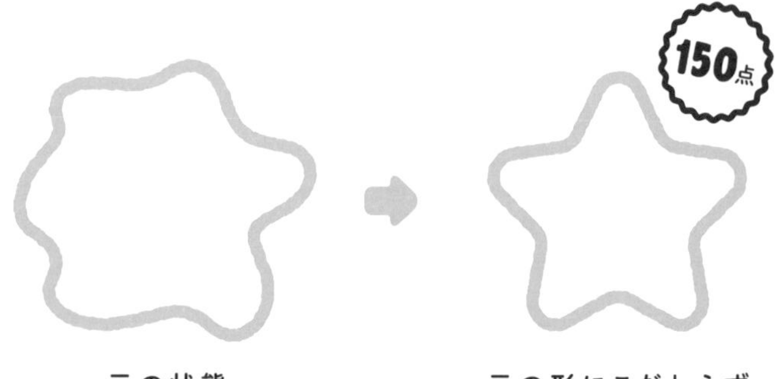

ゼロベースで考えられる人間は少ない―― だからこそ価値がある

人は何かを検討する際、それまでのやり方を参考にしたり、それまでにあったものに改良・改変を加えたりして新しいものとすることが圧倒的に多いものです。

たとえば、人事制度を変えるとき、それまでの制度をいったん忘れ、ゼロベースで作っていては全く時間が足りません。何かの企画でも、それまでの議論をすべて忘れて新しい企画を立てるのは非常に難しいものです。状況にもよりますが、何かを構想する際に、それまでにあったものや考えたことを利用するのは、ある意味で合理的なのです。

一方でこの方法の弱点として、イノベーティブなものが出てきにくい点や、時代の変化スピードについていけなくなるなどが挙げられます。

変化が速い時代には、あまりに過去のものを引っ張って考えすぎることは、「次善」あるいは「そこそこ」の案を出すにはよくても、「ベスト」あるいは「素晴らしい」といわれるようなアイデアを出すうえでは機能しないことも多いのです。それゆえ、何か大胆な施策が必要とされている場合には、いったん過去をゼロリセットして考えることが有効になることも多いのです。

これは前項の「常識を疑う」「常識にとらわれない」という考え方とも大きく連関してくるもので、表裏一体の関係にあります。

○ 最終目的を意識する

ゼロベースで考えるうえでの第一歩は、目的をしっかり認識しておくことです。人事制度を例にとると、「大きく変えること」などが目的化しては本末転倒です。「DXの時代に合った組織を構築する」「真にグローバルで戦える組織を構築する」といった目的がぶれていると、通常、良い結果は出てきません。

目的を確実に認識する方法は、関係者で一度すり合わせることです。自分一人で完結するようなテーマであれば別ですが(例：プライベートなことや、自分一人で裁量権を持ちながら完結できる仕事など)、通常は何かしら周りの人に影響を与えたり与えられたりするものです。だからこそ、上長を含めた関係者と早期に目的を握り、常にその目的に立ち返って考えることが必要です(もちろん、環境変化の中で目的そのものを微修正する必要性を感じたときにはそうすべきです)。その際、紙やPCに書き出して可視化し、常にそれが目に飛び込んでくるようにしておくとよいでしょう。

なお、一般に目的は同じでもそれをブレークダウンした「サブ目的」は、人によって若干重みづけに差が出るものです。それを最初に完全に埋めようとすると必要以上に時間を浪費する可能性があるので、そこは多少目をつぶり、最終目的を共有したうえで走りながら調整するとよいでしょう。

○「これは最善か？」を問い続ける

実際の仕事で常に最善を求められることはないかもしれません。コンスタントに70点から80点の結果を残し続けることがビジネスでは求められることも多いでしょう。ただ、それでは数多いる「優秀なビジネスパーソン」の一人となるにすぎません。仕事の内容にもよりますが、「素晴らしい!」と思われるような仕事をある程度のペースで行うことを意識したいものです。

そのとき実践したいのが、自分がアウトプットするものについて、「これはベスト（最善）か?」を常に問うことです。そうすると、どのようなものにも必ず「アラ」や不完全な箇所が見つかります。それを対症療法的につぶしていくことでも完成度は高まりますが、それだけでは80点のものが90点や95点に近づいていくようなもので、150点といった突き抜けたものは出てきません。

「妥協している」と感じたらゼロリセットしてみる

そこでもう一つ「自分は妥協していないか?」と自問してみるのです。向上心の高い人なら、「ここは妥協しているな」と気がつくものです。そこで自分をプッシュし、それまでのアウトプットをいったんゼロリセットして考えられないか検討してみるのです。

もちろん時間との勝負という側面はあるので、毎回は難しいですが、「他に良さそうな方向性がありそうなのに妥協している」と感じているなら、一度ゼロリセットすることは十分に元が取れる可能性があります。

そのときに重要なのが、自分の能力や思考の癖を客観的に見るメタ認知能力です。自分を客観的に見て、「妥協しているな」

と思ったら、「それでいいのか!」とカツを入れるわけです。

人の力を借りることも有効です。アウトプットが途中までできたら、同僚や知人などにそれを見せて（もちろん、守秘義務は守ったうえで）、「これって自分の能力が200％くらい出ていると思う？　正直に教えて」などと聞いてみるのです。相手が信頼できるケースで「うーん」という返事であれば、それまでのことをゼロリセットしてみるチャンスです。ついでに、「どの辺が引っ掛かる？」「どの辺が勝手に自分がこだわっている点だと思う？」などと聞いてアドバイスを求めるのもいいでしょう。

バイアス（思考のゆがみ）に気をつける

なお、あまりに完成まで近づいたときに上述のことをやっても、過去のことは捨てにくいものです。これをサンクコストへのこだわりといいます。サンクコストとはすでに過去に発生してしまい、将来を考えるうえでは忘れていいとされるコスト（お金や手間暇）ですが、通常、そこから自由になるのは容易ではありません。

たとえば、書籍の執筆は人にもよりますが数カ月かかります。それを完成直前でゼロリセットしようといわれても、普通は無理なのです。そこでサンクコストがまだ小さいうちに――書籍の場合であれば企画書や、数ページを書いた段階などで――タイミングを見計らって自問したり他人の力を借りると効果的なのです。

プロジェクトマネジメントやセールスにおける見込顧客の選

定などもそうですが、手間暇をかけたあとで失敗確率が高いことが分かるのはダメージが大きいものです。クリエイティブに考えつつも、失敗確率の高いものは早期に振るい落とすバランス感覚が大事になります。

合理化というバイアスもあります。これは、「こうなったのも仕方がない。なぜなら……」あるいは「これでいいや、なぜなら……」のように自分で何かしら理由をつけてしまうというものです。

合理化は人間が心の平静を保つうえで普通に行うことであり、ある意味で人間らしい心の動きともいえます。これを回避するのは容易ではありません。容易ではないからこそ、自らをプッシュし、易きに流れないマインドセットが求められます。過去の仕事を振り返り、「なぜここで妥協したのか」など、ここでもメタ認知能力を用いて振り返りなどをしておくとよいでしょう。

前例や過去のイマイチな仕事に
とらわれずにベストのアウトプットを出せる

一目置かれるためのポイント

1 常に目的から発想する
2 メタレベルで自分を見る／人の力をうまく活用する
3 バイアスを意識し、それを緩和する手段を講じる

PART 14

軸を動かして考えるコツ

常識と思っている「物事の程度」を変えてみたところにチャンスが眠っていることが多い

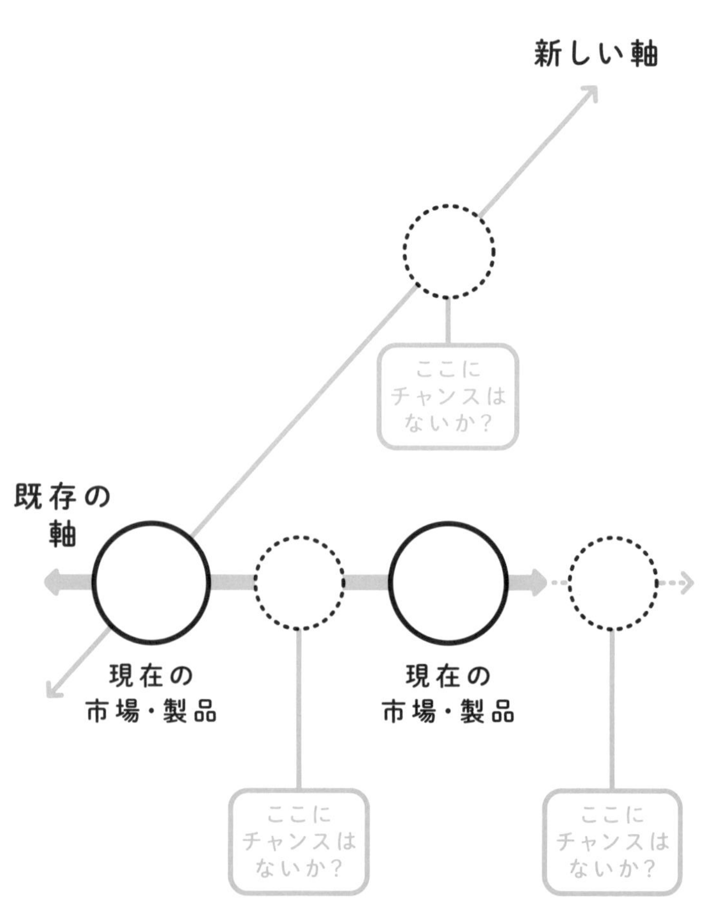

○「程度」を変えて考えてみる

何事も、ある程度は数字、あるいは相対感としての「大・中・小」で表現できるものです。缶のコーヒー飲料であれば、甘さの程度、カフェインの量、豆の酸味やコク、フルーティ度合い、香りの強さなど、いくつかの要素があります。

映画であれば、上映時間や出ている有名タレントの数、監督の知名度といった数値化しやすい要素の他に、演出の良さ、映像の良さ、音楽の良さなどの「通」であれば判断できる要素が多々あります。

これらの要素は、別の表現をすると「軸」といえます。そしてその軸を小さい方向、あるいは大きい方向に動かしてみたとき、意外なところに新しい方法論や新製品・サービスのヒントが眠っていることがあります。

○中間に目を向ける

まずは既存のやり方やモノについて、中間的な部分に鉱脈がないかを考えてみましょう。前述の缶コーヒーを例にします。

筆者が子どもの頃は、缶コーヒーは甘いものが普通でした。近年の普通の缶コーヒーよりも甘かった記憶があります。一方で、砂糖やミルクのないブラックコーヒーも当然人気がありました。

ところで、現在の缶コーヒーは甘いコーヒーとブラックコーヒーの他にもう一つ大きなカテゴリーがあるのをご存じでしょうか。それは「微糖」カテゴリーです。ブラックコーヒーとほぼ同じくらいの市場規模があるとされます。これはおおむね20世紀後半から2000年代に伸びてきた商品群です。1997年のコカ・コーラ「ジョージア　ZOTTO」の微糖版が、このカテゴリーの最初の製品とされます。

甘いコーヒー好きにはもの足りず、本格的なブラックコーヒー好きにとっては中途半端な甘さが鼻につくような商品でしたが、ちょうど時は健康志向の時代。「健康の都合上、糖分はあまりとりたくないけど、ブラックはちょっと飲みにくい」「1日に何本でも飲める」というコーヒー好きの40代男性を中心に瞬く間に市場が広がっていったのです。

筆者はあるとき清涼飲料メーカーの方に伺ったことがあるのですが、ブラックコーヒーを好んで買う人と、微糖を好んで買う人は、ほとんど重ならないそうです。つまり、ある特定のユーザーが場合に応じてブラックと微糖を買い分けることはあまりなく、ブラックを買う人は基本的にブラックを買い、微糖を買う人はだいたいいつも微糖を買うということです。

微糖コーヒーが、なぜ缶コーヒーが世に出てから数十年間出なかったのか、正確なことは分かりません。当時の人工甘味料の味が今ひとつだったからなどの理由があったのかもしれませんが、今となってしまえば思わぬところに市場ニーズがあったのです。

他の例として、近年アイテム数が増えてきた5分袖や7分袖のシャツは、半袖と長袖の中間といえます。もともと四季が明確で気温や湿度の変化が大きな日本では中間的なシャツの潜在需要があったといえますが、それが満たされるようになってきたのです。今後は、さらに中間的な6分袖のシャツなども出回るかもしれません。

○ 両端に延ばす

軸を思い切って極端な方向に持っていくという発想も効果的です。この発想法は、戦略論で有名なブルーオーシャン戦略の「思い切って増やすもの、思い切って減らすものを見つける」という発想法にも通じます。いくつか例をご紹介しましょう。

缶コーヒーの例であれば、ニッチ商品ではありますが千葉県名産(?)の「マックスコーヒー」などは、甘さという軸を思い切って既存商品のレベルを振り切って文字通りマックスにした商品といえます。

今やお馴染みになった民放の24時間テレビも、それまでの通常の番組の長さを思い切って振り切った企画でした。ひょっとすると48時間テレビというのも可能性はあるのかもしれません。

リクルートの情報誌も、広告をある意味記事そのものにして圧倒的に比率を増やしたという意味で非常に斬新でした。

野球のメジャーリーグでは最近、初回のみを投げる「オープナー」という役割の先発投手がいることがあります。先発投手は通常、最低でも5イニング程度は投げることが期待されます。6イニング以上を投げて自責点3以下だと「クオリティスタート」と呼ばれ、先発投手としては非常にいい仕事をしたと評されます。そうした固定観念を打ち破り、オープナーは先発投手に期待されるイニング数を思いっきり短くしたのです。この役割が広がるかは現時点では微妙ですが、可能性は低くありません。

なお、中間に目を向けるにせよ、両端に延ばすにせよ、どの軸についてそれを行えば有効かはすぐに答えが出るものではありません。時間のあるときにでもじっくりと思考を巡らせてみるといいでしょう。そのためにも、ある事柄がそもそもどのような要素（軸）で定義できるかを考えてみましょう。

○ 新しい軸を絞り出す

これは軸をずらすことの発展版ともいえるもので、戦略論などでよく指摘される発想です。「新しい競争軸を見つけよ」などといわれます。先述したブルーオーシャン戦略でも、これとの組み合わせがまさに競争のないブルーオーシャンをもたらすとしています。

たとえば、21世紀初頭のヒット商品であるアップルのiPodは、それまで音質やCDの操作性などで競争していた携帯音楽プレーヤーの業界に「圧倒的な曲数」「オシャレさ」「便利なユーザーインターフェイス」という新しい競争軸を持ち込むことで顧客の支持を得、一気に市場を獲得していきました。

1990年代中盤にヒットした歯磨き粉であるサンギの「アパガード」は、「歯が白くなる」という全く新しい歯磨き粉の競争軸を打ち出し、大ヒット商品になりました。それまでの歯磨き粉は、「歯垢が落ちやすい」「虫歯になりにくい」「隙間にも届く」などを前面に打ち出していたのです。

2019年に大ヒットしたタピオカミルクティーはもちろんいろいろな特徴がありますが、ヒットの原因として脚光を浴びたのが「インスタ映え」です。食事はもともと見た目も大事な商品・サービスであり、高級な和食などは古くからそこにこだわってきましたが、インスタグラムという写真中心のSNSでどう見えるかまではさすがに考えていなかったと思います。タピオカミルクティーは見た目を徹底的にオシャレにすることで、SNS時代ならではの訴求ポイントを作っていったのです。今後は「動画映え」する商品が今以上にヒットするかもしれません。

新しい軸を見つけることは、既存の軸をずらすこと以上に難しいですが、他の事例からもヒントを得るなどして独自性を出したいものです。そのためにも、思考投入して「絞り出す」というレベルまで考え抜きましょう。

業務の新しいやり方や、
新製品・サービスの着想を得る

一目置かれるためのポイント

1 中間に目を向ける
2 既存のものの両端を探る
3 新しい軸を絞り出す

PART 15

比喩で考えるコツ

巧みな比喩(例え)はアイデアの創出にも
他人の説得にもパワーを発揮する

東京の視聴率をたった700件程度のモニターから推定できるわけないと思う

たまにだけど、それが何か?

スープの味見をするとき、全部を飲むの?かき回して一口飲めばいいと思わない?

サンプルを取るってそういうこと。ちゃんとかき混ぜられてランダムになっていれば、一口の味見で全体が分かるんだよ

ちなみに得意料理は何?

カレーだけど

オレは「ミッシュマッシュ」だよ。うまいよ

それ何?

比喩のパワーの源泉はイメージ喚起力

比喩（例え）で考えることは具体的イメージを喚起するうえで非常に有効です。この考え方はまた、106ページで述べる「モデルで考える」ということにもつながります。

簡単な例から考えてみましょう。よく「強いから生き残るのではなく、環境に適応したから生き残れるのだ」ということがいわれます。これは、ビジネスにおいては企業あるいは人材について言及する際に使われる言い回しです。

この言葉はもともと生物学の進化論から生まれてきた言葉です。何億年にもわたる自然の淘汰圧は凄まじいものがあります。その淘汰圧を乗り越えられないものはどれだけ「強い」生物であっても生き残れません。恐竜がその典型です。一時期地上や空を制圧したこの動物は、気候変動によってあっという間に滅びてしまいました。一方、ゴキブリ（厳密にいえばその先祖）は一つひとつを見ると非常にとるに足らない弱い動物です。しかし彼らは環境変化に非常に強く、今に至るまで繁栄を続けています。

もしこのような比喩がすぐに頭に浮かべば、経営者であれば「自社は適切に経営環境の変化に適応できているのだろうか？」という自問ができるでしょう。さらに勘のいい人であれば、「これから起きる変化はどのようなものだろうか？　そこをサバイブできる条件とは何だろうか？」といった点にも考えが及ぶはずです（なお、本来の進化論では、生物はサバイブするために環境適応したとは考えませんが、その議論はここでは割愛します）。

○ 比喩として使える事例をたくさん持っておく

ただ、1つの比喩だけでは、「それはそうだけど、ちょっと違うのでは?」と納得しない人もいるかもしれません。しかし、そこで別の比喩が付け加わるとさらに説得力が増します。

もう少し人間の営みに近いものを例えとして考えてみましょう。たとえば、日本で人気のスポーツ。筆者が子どもの頃は圧倒的にプロ野球が人気でしたが、今やサッカーやバスケットボールにもプロが生まれて人気を博す一方で、野球の競技人口はどんどん減っています。プロ野球の試合を地上波で放送することも、ほとんどなくなりました。

これは、嗜好の多様化が進んだという以外にも理由があります。一時期人気に胡坐をかいたこともあり、子どもが野球をできる場所が減っているなどの環境変化（広場で野球ができなくなった、親の負担が大きくなって野球離れを起こしたなど）を見過ごし、プロとアマの連携が遅れた、「ルールなどは分かって当然」というスタンスで放映をしたなどの不作為により、ファン離れを招いたといった要素がありそうです。

このような**いろいろな例えとなる事例、言い方を変えれば「ケース」を自分の中に持っておくと、それが意思決定を助けたり、他人に対する説得力を増す材料になる**のです。「この業界ではこういうことが起こったけど、それと同じだよね」ということがいえるわけです。**何かの情報や事象に触れたときに、簡単でもいいのでそこからどんな教訓が得られるか考える癖をつけると、こうしたケースの数を増やすことができます。**

○ 相手に響く比喩を選ぶ

比喩で人を説得することもできます。例として、電子書籍（それに限らず書籍全般のEコマース）の「チラ見せ」について考えてみます。書籍の一部を無料で読めるというものです。皆さんも利用されたことがあると思いますが、このチラ見せをあまり好まない著者も一定数いるそうです。では、皆さんが出版社の立場だったらどのようにそうした著者を説得するでしょうか？

「こうしないと今どきなかなか売れないんですよ」というのはあまり上手な説得とはいえません。「そこを何とかするのが出版社の役割だろう」などと言われては藪蛇です。ここで比喩の出番です。以下のように著者を説得するとどうでしょうか。

「○○さん（著者）は、普通の書店で本を買うとき、何を参考にされますか？」
「まあ、著者名や表紙のキャッチコピーはもちろん、目次とかかね」
「私もそうです。しかしそれだけですか」
「まあ、まえがきや『はじめに』部分はパラパラ目を通すかな」
「つまり、本の中身をある程度買う前に見るということですよね」
「……まあそうだね」
「それをウェブ上でやろうというのがチラ見せなんですよ。ある程度は読まないと、読者も買っていい本かどうか判断できないんです」
「……」

もちろんこれだけでは納得してもらえないかもしれませんが、その意義は伝わったのではないでしょうか。

なお、言うまでもなく、比喩はなるべく多くの人にとって分かりやすいものの方が、特に組織の巻き込みという観点からは有効となります。

私は大昔、ファイナンスのクラスを見学していました。そのとき、「共分散って何ですか?」という受講生の質問があったのですが、そのクラスの講師の方は、「ザクッといえばコサイン(cos)みたいなものですよ」と説明していました。決して間違いではないですが、数学の用語の定義について、別の数学の用語(しかも高校で数学が苦手だった人間にとっては必ずしも簡単ではない)で説明しても効果的ではありません。どこまで相手に合わせるかは難しいものがありますが、多くの人を説得する際は、高校生くらいを想定するのが経験上は効果的です。

○ エッセンスを横展開する

比喩は何か新しい事柄を考えるときにも有効です。エッセンスを横展開するともいえます。ここでは新しいビジネスの立案について考えてみましょう。

例として、最近のライドシェアや民泊をヒントにしたビジネスを考えてみます。ポイントは、自分の持つ資産を他の「持たざる」人にタイムリーに貸すこと、そして貸したい人と借りたい人を増やし、そのマッチングをうまく行うことです。言い方を変えれば「この新事業は○○に関するウーバー、あるいはエアビーアンドビーみたいなもの」といえる何かを探せばいいわけです。

いかがでしょう？　家具、洋服、着物、ペット、「時間」、知恵などさまざまなものが出てきたのではないでしょうか。清涼飲料のように基本的に自分が消費するものはダメですし、冷蔵庫のように1日中使うものも難しいでしょう。基本は、「その気になれば保有しなくてもよくて、年がら年中100％に近い稼働率で使うものでもない。ある一時期のみ、需要があるときに使いたいもの」となるでしょう。その中で、まだ先行者がいない、あるいは競争率が比較的低いものを選べばまずまず成功する可能性は高そうです。

ちなみに、筆者が考えたのはレンタル彼氏／彼女です。すでに存在するようなので新しい差別化の軸は必要ですが、倫理的な問題やトラブル対応（ストーカー化など）などをクリアできれば大きな需要があると考えたからです。もちろん現実に事業として成り立つかは精査が必要ですが、元となる比喩対象からビジネスを考えるのは有効なのです。

イメージが湧きにくいものについて考える、他人に理解してもらう、新規のビジネスを考えるなど

一目置かれるためのポイント

1 日々仕入れた情報からどんな教訓を得られるかを考える癖をつける
2 相手の立場に立って「響く」事例を見極める
3 エッセンスを積極的に他の事例に当てはめてみる

CHAPTER 3

発展編

PART 16

モデルで考えるコツ①

複雑な事象を単純化し、
本質がつかみやすくなることがモデルの魅力

「情けは人のためならず」

この諺の構造をシンプルに図示すると

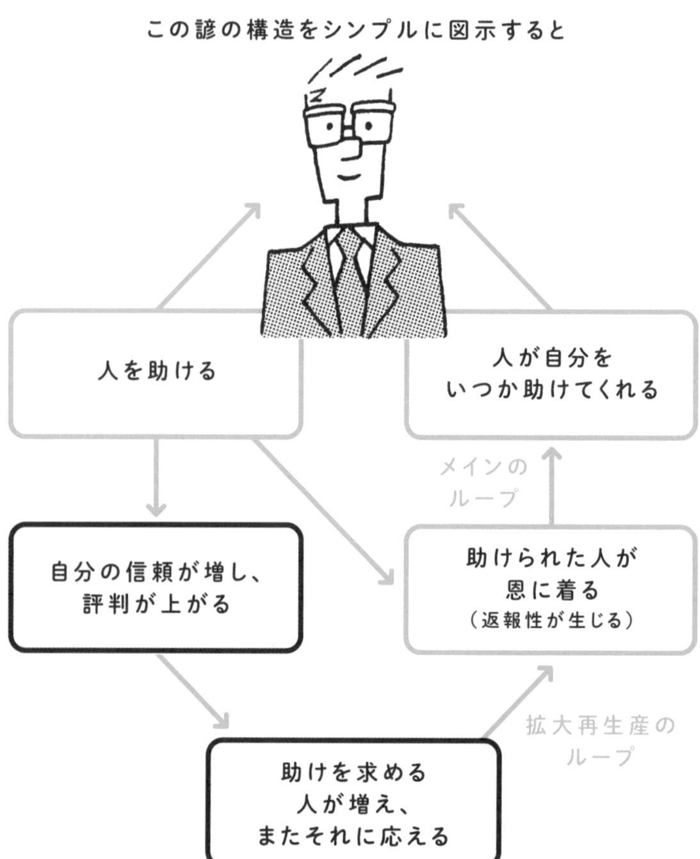

○ モデルでエッセンスを単純化する

モデルとは、ある事象や法則のエッセンスを模式化、図示化したものです。もともと自然科学などで多用されていましたが、ビジネスをはじめとする社会科学にも応用されています。たとえば、中学校の教科書に出てくるラザフォードの「陽子の周りを電子が回っている」という原子のモデルは、その後の物理化学の発展に大いに役に立ちました（実際の原子の姿は量子力学的にはもっと複雑なのですが、エッセンスは入っているのです）。自然科学ではあるモデルを仮説的に想定し、実験でそれを検証していきます。どれだけ的を射たモデルを最初に構想するかが、科学者の腕の見せどころとなるわけです。

図5に示したのは、クレイトン・クリステンセンが提唱した「破壊的イノベーション」「イノベーションのジレンマ」と呼ばれる事象のモデルです。

［図5］破壊的イノベーションとイノベーションのジレンマ

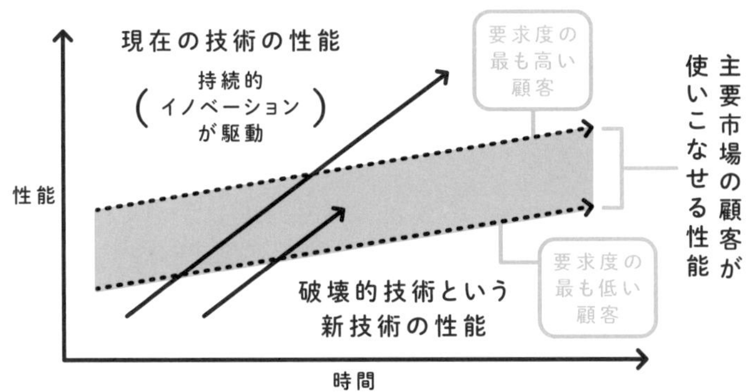

出典：クレイトン・クリステンセン著『C.クリステンセン経営論』ダイヤモンド社、2013年

このモデルのエッセンスは、最初は陳腐に見られていた技術（破壊的イノベーション）が、いつの間にか性能を上げ、気がついたら市場のメインストリームに躍り出ているというものです。一方で、当初市場を制圧していた企業は、ハイエンドの顧客の声を聞きすぎ、また新技術を模倣する動機を持ちにくいため、いつの間にかオーバースペックとなり、競争力を失っていきます。

事実、この事象はあちこちで観察されており、破壊的イノベーションに備えるうえで（あるいはそれを起こすうえで）重要な示唆を提供するのです。そうした役に立つ示唆を得られる点がモデルの良いところです。

○ まずは言葉でモデル化を

このような事例を見ると、「自分は学者ではないし、そんなモデル化なんて簡単にできないよ」と思われる方も多いかもしれません。実際、このレベルのモデル化をできる人間は多くありません。しかし、モデルは先の図のようなものでなく、文章のみでも構わないのです。

「権力は腐敗する。絶対権力は絶対腐敗する」
「官僚機構は自己肥大化する」
「事件は構造をあぶりだす」

といったよく知られた言葉も、実はモデル化の一種です。あるいは冒頭にあったような、「情けは人のためならず」に代表される有名な諺も、ある意味でモデルといえます。要は、多くの事象に共通するエッセンスを、図示化できないまでも言語化できればいいのです。

そこで必要になるのが、**事象の共通点に着目する**ことです。まずは、「○○は△△である」あるいは「◇◇は☆☆する」といえないか考えてみるといいでしょう。たとえば、「規制はビジネスチャンスを生み出す」などです。

すべての事象に当てはまる必要はありません。まずはN=3（62ページ参照）で構わないので、文章として普遍性がありそうなことをいえないか考えてみましょう。

共通点に着目し、「So What?」を問う

モデル化にあたっては、単に皆が思いつくことや表層にとどまらず、一歩深い洞察をし、言語化できれば価値が増します（これについては次項で改めて触れます）。

たとえば、「組織文化とは○○のための装置である。○○を埋めよ」と問われたときに、皆さんは何と答えられるでしょうか。「組織の意思決定のスピードを上げるための装置」や「組織の一体感を高めるための装置」「新人を会社に染める装置」といった表現ができそうです。これはこれで間違いではありませんし、組織文化の効用としてよく指摘される点です。

ただ、ここでもう一ひねりしてみましょう。例として組織文化に合わない人材に着目します。彼／彼女はどういう行動をとるでしょうか？　企業規模や業界の人材の流動性などによっても変わってきますが、組織文化に合わない人は、非常に居心地

悪く感じて辞めてしまうことも多いでしょう。

この部分に着目すると、「組織文化とは排除のための装置」あるいは「組織文化は人材の選別装置」といった、やや突っ込んだモデル化もできるわけです。このモデルの定義を思いつけば、個性的な組織文化は、自社に合う人材の比率を上げることにつながるシステムとして機能させられることが分かるのです。

図示化するには有名なフレームワークを参考に

言語でのモデル化に慣れたら図示化にも挑戦してみましょう。最初は単純な箱を2つつなげるようなものでも構いません。

たとえば、「顧客満足度」と「従業員満足度」を2つの箱として書き、その間に好循環構造が回っている図を描けば、これは立派なモデル化です（この効果は実際に「サティスファクション・ミラー(鏡面効果)」と呼ばれています）。

このようにモデルで考えることは互いの関係性や因果関係（24ページ参照）を明らかにすることにもつながり、他の思考法と併用することでさらにパワーを発揮します。

もう少し複雑なものを検討しようとするのであれば、有名なビジネスフレームワークに触れて、その工夫を感じ取っておくといいでしょう。これらは、図示の仕方という意味でも優れたものを持っていることが多いからです。

マイケル・ポーターの「5つの力分析」（業界の儲けやすさを知るための分析）は、知らない人が見たら単に箱を5つ並べたようにしか見えません。しかし、実際には横にはバリューチェーンの箱を、縦には競争相手の箱を並べるというロジカルな作りになっており、覚えるうえでも非常によくできているのです。

オットー・シャーマーが提唱した「U理論」（リーダーシップ開発や、イノベーションのための思考プロセスに関する理論）も、奥が深い理論ですが、「U」という文字でそのプロセスを示すことで、1つのモデル図に多彩な意味づけをしています。

ビジネスフレームワークは単に実務で使えるだけではなく、モデルで考えるといったことにも役に立つ人類の知恵の宝庫なのです。

事象や法則のエッセンスを表出させる

一目置かれるためのポイント

1 言語でモデルを作る
2 共通点に着目し、意味合いを考える
3 有名なフレームワークを範とする

PART 17

モデルで考えるコツ②

モデルを深く考察することで、
他の事例にも応用が可能に

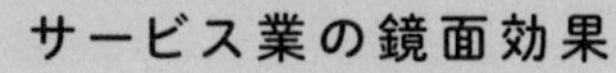

満足することによる
良い反応

満足することによる
良いサービス

男女関係

満足することによる
良い反応

満足することによる
良いサービス

○ モデルのエッセンスを横展開する

モデルのパワーの一つに、他のシチュエーションへの応用ができることがあります。たとえば、オーソドックスな経済学は物理学の考え方を多く取り入れています。世の中で起きる経済現象を数学で記述している点は、自然現象を数学で表現しようとした物理学の発想そのものといえるのです。

具体的な事象に物理学の法則を応用した例もあります。ノーベル経済学賞を受賞したマイロン・ショールズらによる「ブラック–ショールズ方程式」（デリバティブの価格決定に関する方程式。ファイナンス分野で多用される）では、物理学のブラウン運動のモデルを採用しています。

ブラウン運動とは、液体や気体中に浮遊する微粒子がランダムに運動する現象です。これをデリバティブの価格決定に当てはめたところ、ほぼ実際の現象と合致したことから、ブラック–ショールズ方程式は信頼度の高い方程式として認知され、実務でも多用されるようになったのです。

○ 応用可能性を検討する

モデルが他の事象に援用できるかどうかを知るには、そのエッセンスを改めて理解することが必要です。たとえば、小売業には「小売りの輪」と呼ばれるメカニズムがありますが、これは前項で示した「イノベーションのジレンマ」にかなり似ています。「小売りの輪」とは、かいつまんでいえば次のような論理です。

「小売業界において、最初は破壊者として登場したディスカウンターは、競合に先んじて顧客を獲得すべく徐々に品ぞろえや販売手法を高度化していき、それによってどんどん高コスト体質になっていく。そこへ次のディスカウンターが登場する。高コスト体質になってしまったかつてのディスカウンターは、新たに登場した低コストのディスカウンターとの競争に勝てず、ニッチに追いやられていく」

これは次の観点でイノベーションのジレンマと似ています。

- 既存業者はどんどんハイエンドのニーズに応えるようにシフトしていく
- ライバルとして出てきたディスカウンターを見下す傾向がある。また、彼らを模倣する動機がない

厳密にいえば全く同じではないかもしれませんが、そのエッセンスは似ているのです。もし皆さんの周りに、皆さんのビジネスと顧客ニーズを共有するような一見みすぼらしいサービスがあったとしたら、それはいつの間にか皆さんの業界を破壊するかもしれません。

○ モデルの作用メカニズムを考える

表面的なことだけを捉えるのではなく、そのモデルのエッセンスを動的に考えてみることも有効です。前項の冒頭のようなシンプルな構造からさらに踏み込んでみるわけです。例として「可愛さ余って憎さ百倍」という諺を考えてみましょう。皆さんにも思い当たる例はいくらでもあるはずです。たとえば、筆

者は子どもの頃、某プロ野球チームの大ファンだったのですが、あるときから大のアンチになってしまい今に至っています。

実は大ファンとはいいながら、そのやり方（選手の集め方など）に途中で疑問を持つことも多々ありました。しかし人間には一貫性の原理（立場を一貫して保っておかないと見栄えが悪いと考えてしまう性向）があるため、そう簡単にアンチにはなりません。しかし、不満や不信がある閾値を超えてしまうと、一気にそれが爆発し、むしろ嫌なことばかりが目につくことになるのです。

「今まで可愛いと思っていたのに」という思いが裏切られた結果、反動としてかえってアンチの度合いが強くなってしまうのです。熱烈な共産主義者だった人間が、強い反共の人間になってしまうなども同様のメカニズムといえるでしょう。図6のようなイメージです。内面に比べて、外面がよりドラスティックに変わったように見える点も重要です。

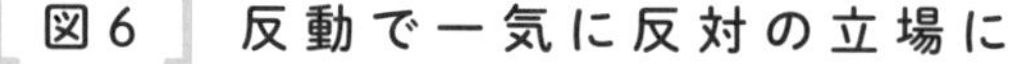
図6　反動で一気に反対の立場に

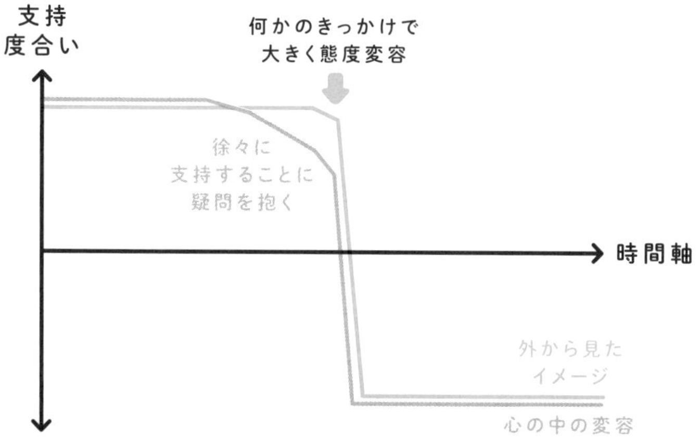

○ 身近な場面もモデルで説明できる

これは逆のケースにも当てはまります。たとえば、キリスト教教会を立ち上げた使徒パウロは当初は苛烈なキリスト教の迫害者でした。しかし、徐々にキリストの教えの内容や信者の情熱にひかれてその魅力を知るようになり（もちろん、表には出しません）、あるときから熱烈な伝道者に変化しました。伝説では雷に打たれ、キリストの声を聞いたということになっていますが、これはおそらく作り話で、心情的には徐々にひかれていって、どこかで閾値を超えたと考える方がいいでしょう。

よくドラマやコミックなどで、最初は敵対していたライバルが、いつの間にか無二の親友になっているというケースがありますが、それもこのモデルで説明できそうです。

皆さんも、ある人間や組織に不信感を与えてしまいながら「まあ、向こうもそんなに態度を変えていないからいいか」と思っていたら、気がついたときには大きな敵になっている可能性もあるのです。

○ 人間の本質を知る

普遍性が高いモデルの共通点には、人間の本質が隠れていることが少なくありません。上記の「一貫性」などはその例です。他にも、人間には以下のような本質的な傾向があります。

- 何かをしてもらったら、お返しをしないと気まずく感じる（返報性）

- すぐに易きに流れる
- 人とつながっていないと不安を感じる
- 褒められたり気にかけられると嬉しい
- 自分が得意なことをしてうまくなりたい
- 利益実感がないとやる気にならない
- お尻に火がつかないと動かない
- 変化を嫌う
- 言い訳が得意
- 合理は重視しつつも、最後は感情で動く　等々

多くのモデルの有効性を担保するのは、結局は人間という動物に備わっている特性です。だからこそ、さまざまな感覚を駆使して人間という動物の本性を知ることが大切といえるでしょう。近年リベラルアーツの効用が叫ばれていますが、それを学び議論するのも一つの方法です。歴史や文学などを学ぶことは、結局は人間を深く知るということに他ならないからです。

事象や法則のエッセンスを他の場面に応用する

一目置かれるためのポイント

1 応用可能な事象かを吟味する
2 作用メカニズムを考える
3 人間の特性を熟知する

PART 18

極端なケースで考えるコツ

極端な条件で考えることで
物事の本質や法則の理解が促進される

極端な例で考えることは あらゆる場面で役に立つ

極端な事例やシチュエーションを想定することは、たとえば、制度設計の際にその落とし穴を発見することにも役に立ちますし、抽象的な事柄を具体的に考える際にも役に立ちます。実際にはそこまで極端なことはないとしても、思考実験（190ページ参照）の一環としてそれを考えてみることは有効な場面が多いのです。

極端な例で法則を理解する

ビジネスには、いくつかの大事な法則があります。ここでは有名な「大数の法則」を例にとりましょう。これは、サンプルの数や試行数が増えるほど、最初は本来の数字から外れていたとしても、結局は「実力」や「実態」に近い数字に収束するという法則です。

たとえば、サイコロは正確に作られていた場合、振った回数が増えれば、どの目もその回数の6分の1の回数だけ出るようになります。筆者は過去に600回連続で振ってみたことがありますが、一番大きくズレたもので106回でしたから、ほぼすべての目が6分の1ずつ出たといっていいでしょう。

大数の法則は、言い換えれば、サンプルの数や試行数が少なければ、「実力」や「実態」を反映しない数字になってしまうことがあることを意味します。たとえば、競馬では一般的なテラ銭は25％ですから、長く競馬を嗜むほど、掛け金の25％を国庫に納める羽目になるのです。

別の例で、プロ野球の打率を考えてみましょう。よく5月頃までは4割に近い打率を残す選手がいますが、結局は実力に見合った最終成績に落ち着きます。「春先は調子のいい選手が多い」などといわれることもありますが、それは錯覚で、単に試行数が小さいことによるばらつきにすぎません。

より極端な例で考えてみましょう。仮に年間の試合が1試合しかなければ、4割といわず、10割（3打数3安打他）や5割（4打数2安打他）の成績を残す選手は一定数いるはずです。しかし、それを100試合以上維持できる選手は現実にはほぼ存在しません。

ここでは大数の法則を取り上げましたが、**ボトルネックやトレードオフといったビジネスで生じがちな問題や、規模の経済性や範囲の経済性といった事業経済性なども、極端な事例を考えることにより、その理解を深めたり、インパクトを考えたりすることに役に立ちます**。

たとえば、「費用すべてが固定費の会社」あるいは逆に「費用すべてが変動費の会社」を想定することで、それぞれの費用の特性、特にリスクとの関連が明らかになったりします。費用がすべて変動費の会社が仮にあれば、単価が費用を上回る限り（限界利益率がプラスである限り）、どれだけ売上げが減っても赤字にはなりません。そこから、「変動費は売上げのばらつきに対してリスクの低い費用である」という示唆を導けるのです。

良い制度や方法かどうかを検討する

極端なケースを考えることは制度の良し悪しなどの判断にも役に立ちます。ここでは選挙制度を例にしましょう。日本の衆議院では現在、国政では小選挙区制と比例代表制が並立しています。ただ中には「イギリスのような完全小選挙区制にすべきだ」という主張を持つ人もいます。あなたがそれに反対するなら、どのような論を立てるでしょうか。一例ですが、以下のような極端な例を挙げることができるでしょう。

「もし小選挙区制のみにした場合、仮に6つの政党があったとします。無所属の立候補は仮に無視できるものとすると、最低何%の政党得票率である政党が全議席をとれると思いますか?」
「うーん、分からないな」
「極端な例ですが、このケースでは17%程度です。全選挙区が大接戦になった場合、6つの政党があるとすれば、17%の得票率で当選することがあります。それが全選挙区同じなら、500近い選挙区を、得票率17%で獲得できるというわけです」
「そんなことはまず絶対にないよ」
「確かに実際には起こらないかもしれませんが、可能性としてはあるわけです。政党に属さない立候補者が多ければ、もっと低い得票率で全議席を獲得することも理論的には可能です」
「……」
「小選挙区制の弱点といわれる死票の多さとはそういうことなんですよ」

ここでは小選挙区制に批判的な意見を例にしましたが、もちろん、比例代表制ならではの弱点もあります。

これも極端な例ですが、3つの政党A、B、Cがあり、それぞれの支持率≒議席数が45％、45％、10％だった場合、どの政党も単独では物事を決められないため、連立が必要になります。そうなると、支持率が10％しかない政党Cがキャスティングボートを握り、政党AやBと同じ力を持つことになってしまうのです。比例代表制の弱点を抉り出すような他の極端な例も考えてみてください。

○「ためにする議論」に走らない

これは、この発想法の運用上の注意とでもいうべきものです。先述のように、極端な例を考えることは、議論を活性化することにつながりますし、実際にそれで制度やアクションがより適切なものになることは少なくありません。一方で、あまりに極端な例を振りかざすと、（メンバーの成熟度にもよりますが）かえって議論を混乱させてしまうこともあります。

ディベロッパーとゼネコンが、地盤の緩い河川沿いの低地にビルを建てるべきか否か議論したとします。このシーンで、反対派の誰かが「もし近所の河川が氾濫し、同時に地震でも来たら大変なことになる。この案件は見送るべき」と言ったらどうでしょう。もちろん可能性という意味ではゼロではないですが、多少極端すぎといえそうです。

この投げかけがきっかけで、「どこまでのリスクに対応すべきか」という議論に発展すればそれでもいいのですが、けんか腰の議論に発展する可能性もあります。「もし他の案件が全部ストップしたとしても、この案件は見送るべきなのか？」などと応戦する賛成派の人間もいるかもしれません。これは決して生産的とはいえません。

もう一つ例を考えてみます。二酸化炭素排出について、「じゃあ、人間が経済活動をやめればいいじゃないか」という投げかけをしたらどうでしょう。これも「文化的な生活を諦めてまで経済活動をやめることは本末転倒だ。もっと生産的な方策を考えよう」という方向に進めばいいのですが、人によっては人口問題など、どんどん脇道にそれた議論をしてしまう可能性があります。参加者の成熟度合いを意識しながら問題提起をするという基本は押さえましょう。

物事のあるべき姿を正しく構想できる。また、ビジネスの法則を理解したり説明しやすくなる

一目置かれるためのポイント

1. 法則を前提にしたとき、極端なケースでどうなるかを考える
2. 弱点やリスクに着目する
3. 議論の生産性に注意する

PART 19

アノマリーで考えるコツ

例外値はヒントの宝庫。別のゲームのルールや勝ちパターンが見えてくる

異常値には異常値なりの理由がある

世の中の出来事がすべてある要素だけで決まってしまったら非常に味気のない世界になってしまうでしょう。もし、ビジネスパーソンの給与が学歴（学校歴）でほぼ決まってしまうとしたら、頑張るビジネスパーソンは少なくなるでしょう。これは社会全体にとっても好ましいことではないといえます。ただ、実際には世の中は非常に複雑ですので、ある要素だけで何かが決まってしまうということはありません。

特に注意して見ておくとさまざまなヒントが得られるのが異常値、アノマリーです（アノマリーの元の意味は既存の法則で説明できない事象のことですが、ここではぱっと見たときの異常な存在くらいの意味で用いています）。

冒頭コミックに出てきた旭山動物園は、もし近隣の人口や必要な移動時間などをX軸にとり、Y軸に入園者をとって相関グラフを作れば、かなり異常な場所にプロットされるでしょう。その理由はコミックに示した通りですが、アノマリーに着目して「なぜそうなったのか」を分析することは、すぐにそれを真似できるかどうかは別として、他の動物園の運営者にも大きなヒントを与えるはずです。

明らかに違うものを見つける

ある集団の中に明らかに属性の違うものが交じっていたら、それはアノマリーそのものですからやはりヒントになります。

世界の時価総額ランキングを見ると、アメリカや中国といったGDP大国の企業が上位に並ぶ中で、サウジアラビアのサウジアラムコもランクインしているのが目につきます。他の企業がすぐに真似できるわけではありませんが、やはり資源を武器にした国策企業は、やりようによっては高い価値を持つことが分かります。

他の例としては、ある企業の役員陣の中に、1人だけ外国人がいたらそれは目を引くでしょう。その企業はなぜ彼／彼女を取締役に据えたのかを調べると、その企業の意図が見えてくるかもしれません。もともとは買収先の海外企業の社長だとしたら、この企業は今後もそうした海外企業の買収を通じて国際化を進める可能性があると推測できるかもしれません。そうではなく、純粋に外国人の社員が頑張って役員になったのだとしたら、日本では非常に稀なケースですから、それはそれでこの会社の人事制度がどうなっているのか調べてみると面白いでしょう。

アノマリーから新市場、新商品の可能性を見つけるのに長けている会社にワークマンがあります。あるとき、防寒防水スーツが急に売れ出したことに気がつきました。調べてみると購買者はバイクユーザーでした。バイクユーザーにとっては、同社の製品は安くて機能性も良かったのです。厨房向けに開発した「滑りにくい靴」も不思議な売れ方をしたそうです。買っているのは若い女性でした。調べたところ「滑りにくいので妊婦にお勧め」とブログに書かれていたそうです（土屋哲雄著『ワークマン式「しない経営」』〈ダイヤモンド社〉より）。商品のことはむしろ顧客がよく知っているということはしばしば起こります。社内の常識に縛られないうえでも、アノマリーはヒントになるのです。

○ 相関グラフの外れ値を見る

45ページでも触れたように、**相関図を描いて目で異常値を見出すことも非常に有効**です。たとえば、多くの業界では規模の経済性（販売量が増えるほど、固定費の分散や仕入れのバイイングパワーにより、1個当たりのコストが安くなること）が成り立ちます。特に差別化が難しい業界では規模こそが競争優位の源泉であり、それが収益性に反映されるということは少なくありません。そこでもし、図7に示したA社のような異常値の企業があるとしたら何がいえそうでしょうか？

［図7］相関図の中の異常値

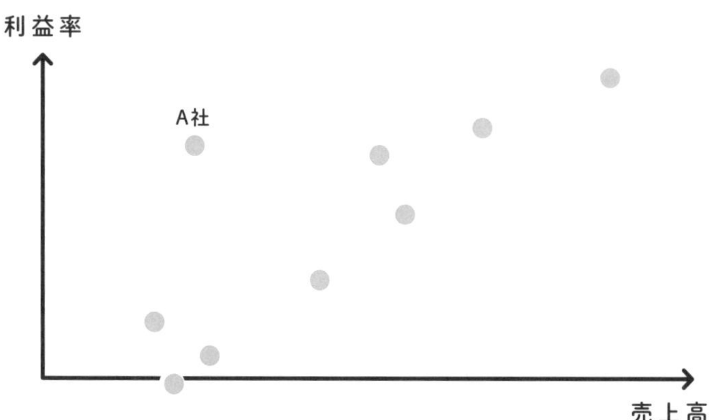

実際の理由は調べてみないと分かりませんが、以下のような仮説が成り立ちそうです。

- A社だけビジネスモデルが違う（アウトソーシングの活用など）
- A社のターゲット顧客が異なる
- A社のみ成長ステージが異なるため給与レベルが低い
- A社のみ外資系企業で経営の在り方が全然異なる　等

仮に「A社のターゲット顧客が異なる」の要素が最も大きいことが分かったならば、この業界に新規参入しようとする企業は、ライバルと真っ向勝負をするのではなく、収益を上げられそうなニッチ市場を見つける（あるいは作り出す）ことが重要との示唆を導き出せるでしょう。

なお、コンビニエンスストア業界のように、基本的には規模の経済性が働くものの、1位のセブン-イレブンがダントツの利益率を実現している一方で、2位のファミリーマートがやや苦戦しているという例もあります（近年はリストラ効果でようやく利益率も上がってきましたが）。業界に詳しい人であれば、ファミリーマートは合併企業ならではの悩みを抱えており（もともとは業界3位）、一方でセブン-イレブンは圧倒的なオペレーション効率の良さやPBの充実度で利益率を高めていることが分かりますが、門外漢にはなかなかその状況を説明できません。そうしたときは一人で考え込むのではなく、その業界やビジネスに明るい人に聞いてみるのが手っ取り早く効果的です。

○ アノマリーの共通点に着目する

アノマリーは単独で存在することもありますが、複数のアノマリーが入り交じっていることも少なくありません。それらの共通点に注目することは、さらに深い示唆をもたらすことがあります。

たとえば、先述した世界の時価総額ランキングですが、トップ30くらいを見たとき、もう一つ目につくのは、スイス企業（ネスレ、ロシュ）や韓国企業（サムスン電子）、台湾企業（台湾積体電路製造：TSMC）が日本やドイツなどの企業を差し置いて上位に食い込んでいることです。この事実から何がいえそうでしょうか？

一つの仮説として、国内市場が小さい企業であっても（あるいは国内市場が小さいからこそ）、グローバルに通用する製品を開発したり、グローバルな経営を実現できれば大企業に成長できるという示唆が導けそうです。なまじ国内市場が大きく、そこだけでもビジネスが成り立ちがちな日本企業、特にサービス業においては、心すべきポイントといえそうです。

新しい勝ちパターンを見出したり、ゲームチェンジを行うヒントを得る

一目置かれるためのポイント

1 分かりやすい属性からスタートする
2 相関図での外れ値に着目する
3 アノマリー同士に共通点がないか考える

PART 20

「べき論」で考えるコツ

「こうあるべき」から発想することで、非合理を見抜け、また他人を規範で説得できる

本来あるべき状態にないものに着目する

「べき論」というのは、「こういう場合にはこうあるべきだ」あるいは「そもそもこうなっているのが普通なのに、そうでないのはおかしいと」いう考え方です。例としては、「管理職以上も男女が半々、あるいはそれに近くあるべきだ」「仕事の評価は達成した業績のみでなされるべきだ」「ビジネスパーソンの潜在力に年齢は関係ないはずだ」といったものです。

この考え方は、特に外部者（社外取締役やコンサルタントなど）が用いると効果を発揮する思考法でもあります。ある組織における「当たり前」が実は当たり前ではなく、むしろ非効率を生んでいることを抉り出すことが多いからです。

質問攻めにする

これは実際に筆者が遭遇した例です。業績不振が続くその企業では、企業にとって当たり前のPDCA（Plan-Do-Check-Action）ができていませんでした。簡単なPlan（計画）らしきものはあるのですが、特にCheckとActionが弱く、やったらやりっぱなしという状況でした。それどころか、1年前の実績すら引っ張り出してこないと分からないという状況です（当時はまだパソコンによる数値管理が普及しておらず、紙による管理が一般的でした）。

企業においてPDCAというものは、程度や徹底度合いの差こそあれ、当然回すべきものです。それを行うことによって問題解決が早くできたり、目標に対する実績の達成度合いが安定したりするからです。筆者はそこで聞いてみました。「この会社

ではなぜPDCAを行わないのですか?」(実際にはもう少し遠回しに別の言葉で聞きましたが、エッセンスは同じです)

返ってきた答えは、「別に求められていないから」というものでした。
「求められていないというのは、経営者が求めていないということですか?」
「そうです」

そこで次に経営者に話を伺うことにしました。
「なぜPDCAを回さないのですか?」
「だって現場にも負荷がかかるし面倒じゃないですか」
「しかし、それをしないで経営をする方が後手に回ってかえって大変ではないですか?」
「まあ、そうともいえますが、その辺の勘所はわかっていますから。なるようになるものです」
「……目標達成に向けての意志などは弱くなりませんか?」
「さあ、どうですかね。まあ、上(親会社)から降りてきた数字が多少達成できなくても、大赤字でなければ別に問題はないですから」

その後もいくつか質問をした結果、分かったのは以下のようなことです。

- この経営者はPDCAの効果を理解していない
- ビジネスの規模化への意識が弱く、いつまでも属人的センスで回すつもりでいる
- 親会社からのプレッシャーが非常に弱い

これでは不振が続くのも当然です。ただ、原因が明らかになればそれなりに打つ手は見えてくるものです。その後、この企業にも当たり前のPDCAの仕組み（例：KPIによる業績把握、週1度の進捗管理ミーティングなど）が導入されることで、みるみる業績は向上していったのです。

○ 非合理的なことに着眼する

もう一つ別の例です。脚色していますが、これも筆者が直面したケースです。その企業では、それまでの事業の発展形ともいえる新規事業を始めていました。そこそこのパフォーマンスは残しているように見えていたのですが、会社全体としては利益が停滞している状況でした。

ここで出た質問が、「なぜ、これだけの重要事業なのに、専任が2人しかいないのか？」です。その事業はプロジェクト的に運営されていたのですが、四六時中その事業のことを考えている人間はたったの2人、しかも比較的若手だったのです。

「新規事業にはエースを充てるべき」というべき論からすれば、やはり好ましくはありません。これも原因を追究していったところ、他部署の優秀な人間をその上司が過度に手離したがらないことが分かりました。そこでトップダウンで組織の改編を行い、しかるべき人間が専任のリーダーとなり、「普通の組織」になったのです。

○「べき論」が対立したときは調べるか思考実験

最後に、2つの注意点をご紹介しましょう。いずれも「べき論」の妥当性に関するものです。

まず、ここまでのべき論は妥当性、汎用性が高いものでしたが、一定の説得力があるべき論同士がぶつかることが往々にしてあります。その場合はどう考えればよいのでしょうか？　例として「成長のためには、特に若いうちはどんどん仕事をするべき」という意見もあれば、「勤務時間に関するコンプライアンスを守ることは必須」というべき論もあります。

こうした場合には、それぞれを実現した会社のどちらがより良い会社になるかを調べられるといいでしょう。ただ、そうした都合のいい調査結果はなかなかないものです。その場合は、それぞれのパターンについて思考実験（190ページ参照）をしてみるといいでしょう。そうすると、現時点では前者に軍配が上がりそうです。このケースでは、カギとなるのは従業員の期待値でしょうから、しっかりコミュニケーションしたうえで、納得感を持ってもらうことが必要です。また、企業の置かれた状況（大企業なのかベンチャー企業なのか等）なども当然考慮すべきです。

○「べき論」だって変化する

第2の注意点は、べき論の汎用性です。「PDCAをしっかり回すべき」というのはかなり汎用性が高く、筆者は例外を見たことがありません。イノベーションのようにPDCAサイクルと相性の悪い企業活動ももちろんありますが、企業全体としてはやはりPDCAがしっかり回っている方が好ましいといえます。

一方で、「数十万円もする高額な商品はEコマースではなく通常のリアルチャネルで対面で売るべき」はどうでしょうか。これは十数年前までならともかく、Eコマースのインフラが整ってきた昨今、必ずしも正しいとはいえないでしょう（筆者は20万円程度のエアコンをアマゾンで買ったことがあります）。むしろ、古いべき論にこだわる方が、時代に取り残される可能性が高そうです。

そこで筆者がお勧めするのは、**「べき論」の「スタート/ストップ/コンティニュー」**です。これは組織の中で行われていることについて、「新たに始めるべきこと、やめるべきこと、続けるべきこと」を検討することです。その際には、自分が当然と感じている「べき論」を時々「本当に今でも有効か？」と半ば強引に疑ってみることに加え、他社の状況や社会情勢なども当然考慮します。こうした自身を客観的に見つめる活動が、好ましい結果をもたらすことは多いのです。

本来好ましい「あるべき姿」に向かううえで何がボトルネックや障害になっているかを抉り出す

一目置かれるためのポイント

1 質問を繰り返すことで原因を探る
2 非合理的なことに敏感になる
3 「べき論」の妥当性に注意する

PART 21

ストーリーで考えるコツ

提案の妥当性が上がり、人を巻き込める

これは、状況を判断して仮説を立て、行動に結びつけろっていう話なのよ

はい!

○ 人は物語（ストーリー）が好き

皆さんが若い頃好きだったものは何でしょうか？　最近はゲームという人も多いかもしれませんが、アニメや本、あるいは映画やドラマといった「物語」が大好きだったという人は多いでしょう。おそらく、どんな人であっても、これらの中に好きなストーリーがいくつかあるはずです。そしてそれは単に好きというだけではなく、大まかな粗筋はもちろん、人によってはかなり細かいエピソードなども話せるでしょう（ちなみに筆者の場合、子どもの頃好きだったストーリーであれば、シャーロック・ホームズ物は今でも多くのものをお話しできます）。

このストーリーを用いて考えを深めたり、他人に対する説得力を増そうというのがストーリー思考です（ストーリー思考にはさまざまな定義がありますが、ここではストーリーで考えること、効果的なストーリーを考えること全般を議論します）。経営戦略やマーケティング、さらにはキャリアデザインなど、さまざまな分野で応用されています。

ストーリーの効用についてはすでにさまざまなものが紹介されていますが、念のためそれらを挙げると以下のようになるでしょう。

- 具体的にイメージしやすく、具体性を持って考えられる（50ページ参照）
- 因果関係などが分かりやすい（24ページ参照）
- 関心を引きやすく記憶にも残りやすい
- ワクワク感を持ちやすい、あるいは恐怖心を与えやすい（感

情に働きかけやすい、共感を得やすい）

- 他人に説明しやすい
- 上記のことをチェックしやすい

ストーリーで（ストーリーを）考えることは実務的にも役に立ちますし、その妥当性をチェックすることで自分の思考力や、それに付随するプレゼン力などのアップにもつながるのです。

○ まずは「成功ストーリー」を考える

ビジネスにはさまざまな場面がありますが、物事を良い方向に持っていこうと考えるのが一般的です。そこで、まず考えたいのが**「物事が好転していくストーリー」**です。現状をしっかり認識したうえで、施策が当たっていくとどうなるかをストーリーとして考えます。逆に、かなり悪くなるシナリオを提示し、「まずい、変わらなくては」「その落とし穴に気をつけなくては」と思わせるのが俗にいうホラーストーリーです。

なお、**ストーリーの冒頭は皆が同意する共通認識から入るのが無難**です。特に他人に話す場合は、（あえてそれを狙わない限り）いきなり反論を巻き起こすようなところからスタートすると、状況がこじれる可能性が高くなるからです。

そして、ホラーストーリーのようにならないためにはどうすればいいかということを、なるべく具体的に検討します。そしてそれらを実行した結果、人々はどのように変わり、会社の業績にどのようなポジティブな変化があるのかを想像力豊かに頭の中に描くことが求められます。人々がワクワク働き、最終的に皆が喜ぶようなストーリーが描けることが最善です。

このとき意識したいのは、現実離れした荒唐無稽なストーリーとならないことです。アニメやSFとは異なり、現実の世界では魔球は投げられませんし、都合よく白馬の王子様やタイムマシンが現れたりはしないのです。

そこで、極力それを実現するための施策を同時並行的に考えることが必要です。当然、施策間の整合性なども意識する必要があります。

なお、通常は自分一人では何もできないことが多いので、他者の力も借りられるように、自分にとってもそれ以外の人間にとってもWin-Winかつワクワクできるストーリーを描くことが基本です。

○ ストーリーを分割してみる

ストーリーは一気通貫に語ることもできますが、ことが大きい場合には中間地点的なマイルストーンを置き、複数に分割して考えることも有効です。適切にマイルストーンを置き、ストーリーを分割することは、物事を考えやすくすることにもつながります。「分けて処理すると効率的」はここでも当てはまるのです。

ただし、当然ながら、分割したストーリー間でつながりがなくなってしまっては意味がありません。そうしたチグハグ感は論理のシャープさを殺ぎますし、たいていは実行可能性も低くなるからです。

そこで現実的には、まず大枠の全体ストーリーをラフに描き、そこからブレークダウンして詳細を詰めるのがいいでしょう。

○ あえて語らない部分を作る

通常、ストーリーはなるべく具体的に（可能であればイラストなども交え）考え、語るのがセオリーです。

一方で、やや高度なテクニックになりますが、他者に伝える場合、あえて重要な部分を語らず、相手の想像に任せるということもあります。**「こうなれば、君も悪いようには扱われないよ」などと核心をぼやかす**のです。

これは、相手の想像力を刺激することで具体を超えようという狙いです。「疑心暗鬼を生ず」の諺からも分かる通り、人間の想像力（妄想力といってもいいかもしれません）は時に非常に大きくなることがあり、下手に具体を語るよりも、具体を語らないからこそより効果が出ることも多いのです。それを活用するわけです。

たとえば、「絶世の美女」はイラスト化した瞬間に、どれだけ美人であってもすぐに慣れてしまうものです。そこで美人画の浮世絵師などは、あえて後ろ姿しか描かず、オーディエンスの想像に任せたのです。

キリスト教も、聖書は非常に壮大な叙事詩ですが、最後の審判の後に選ばれし人々が行くとされる「神の国」についてはほぼ全くといっていいほど記述はありません（この点は、天国のことを事細かに描写したイスラームのコーランと対照的です）。しかし、多くの教徒はそれを素晴らしい場所と信じ、祈りを捧げ、布教に努めたのです。特に伝道者のエネルギーはどこからそんなパワーが生まれるのかと呆れるほどで、だからこそキリスト教は世界に広まっていったのです。

ビジネスでも、具体的に語ったがゆえに、「そんなものか」と思われてしまうリスクはゼロではありません。どこをあえて語らないようにするかを判断するのは容易ではないですが、聞き手の置かれた状況をイメージし、それがどのような影響を与えるかを熟考することも、ストーリーで（ストーリーを）考えることの醍醐味といえるでしょう。

より動的な具体感をもって考えたり人に説明したりする

一目置かれるためのポイント

1 ストーリーの効用を理解し、活用する
2 必要に応じて小分けにする
3 「語らない語り」を取り入れる

PART 22

視点を変えて考えるコツ①

独善を避け、Win-Winの構造を作ることがビジネスを前に推進させる

相手の視点に立ち、常にWin-Winを意識する

上司の視点

経営者の視点

ビジネスパートナーの視点

チャネルの視点

自分の視点

同僚の視点

社会の視点

部下の視点

顧客の視点

家族の視点

相手の視点に立って物事を見てみよう

人間は往々にして自分本位でものを考えてしまうものですがそれは得策ではありません。人間は社会的な動物であり、誰だって自分一人で生きていくことはできません。ビジネスも同様です。相手の視点に立って、自分だけではなく相手にとってもメリットがあるようにすることは、今やビジネスの基本ともいえるでしょう。

相手の視点に立つことを比較的当たり前に行えるのは、マーケティングの施策を考えるときでしょう。自分たちがどれだけ思いを込めて開発した製品・サービスであっても、顧客のニーズに応えられないものはあまり売れることはありません。それは経験的にも分かっているので、比較的顧客視点に立ちやすいのです。

ただし、このケースでさえ、企業側が独善的な製品開発や売り方をすることは少なくありません。顧客以外の相手ではなおさらです。ここでは顧客以外のステークホルダーを意識しながら、相手の視点に立つコツを考えてみましょう。

チャネルの視点に立つ

チャネルもある意味で顧客といえますが、通常は個人ではなく企業ですし、取り分をめぐって争う相手という側面も大きくなるため、意外に相手の立場に立つことを忘れてしまいます。特にビジネス経験の少ない若手はこの罠に陥りがちです。

一方で、企業であるがゆえに考えやすいという側面もあります。通常、企業は売上げや利益の最大化を目指しますから、その基本を忘れなければいいのです。ではどうすれば彼らの売上げや利益が上がるかといえば、❶マージンを高くする、❷よく売れる商品を提供する、❸手離れを良くしてあげるといったことが典型的です。特に気にするのは❷でしょう。よく売れる商品にはいくつかのケースがありますが、通常は定番商品か、広告をガンガン流している新商品です。❶❷❸について何を重視するかは相手によって異なりますが、この基本に立てば、それほど大外しはしないのです。

チャネル戦略で市場地位を上げた有名な例は、昔のペプシコーラです。アメリカでもコカ・コーラにはるかに遅れた2番手企業だった頃、ペプシは次のような決断をし、チャネルに宣言しました。「納入価格を上げさせてください。その代わり、そこで得た原資を広告などに投下してブランドイメージを高め、売れるような状態を作ります」。そして実際にペプシはそれを実行し、コカ・コーラに並ぶような市場地位を構築していったのです。すべてをチャネルにいわれるままにするのではなく、最終的に彼らにも自社にも好ましいWin-Winの視点を持てたことが大きな成功要因でした。

○ 交渉相手の立場に立つ

交渉も、相手の視点に立つ必要性の高い場面です。特に相手が企業を代表している場合、自分にとっての交渉相手という側面もさることながら、相手にも組織内の立場があるという理解が必要です。「今回の交渉で失敗したら左遷の可能性がある」

というシーンと、「いくつかある交渉の中の一つ」では、相手の真剣度合いも変わってくるでしょう。

あるいは長い継続的な関係がある場合は、「今回は自分に花を持たせてよ。次はあなたの方にいいようにするから」といったやり取りも可能になるかもしれません。慣れ合いはもちろん良いことではないですが、「交渉相手も組織人」ということを理解しておくと、通常は見えてこない落としどころも生まれる可能性があるのです。

たとえば、「タフな交渉相手に対して最後まで粘った」という事実さえ示せれば、相手の組織の中での評価は落ちない可能性があったとします。であれば、そこさえ意識しておけば、最終的に相手に花を持たせつつ、こちらの要望を通すことも可能になるかもしれないのです。政党の国会対策委員などはよくこの手を使い、妥協点に落とし込んでいきます。

相手の野心などに訴えかけることもあります。「〇〇さんは同期の△△さんと課長の椅子を争っているんですよね。我々は〇〇さんにその点でご協力できますよ」という持ち掛け方をすれば、相手は交渉相手という以上に、味方や相談相手として接してくれるかもしれません（やり方次第では不興を招きかねないので注意は必要ですが）。

逆に相手が恐れている点を攻めることもできます。具体的には次のような感じです。「うちの商品は採用いただけないということですか。でも、それを決めたのは◇◇さん（あなた）ですよね。おいおい、うちの商品の方が良かったことは分かるでしょう。そのとき、◇◇さんは人事考課上マイナスの評価がつくことになりますが、それでよろしいんですよね」

よほど自社製品に自信がなければ使えない手ではありますが、相手の関心事をしっかり理解しておくと、このような交渉ができることもあるのです。

○ 部下や上司、同僚を理解する

部下や上司、同僚は身近な存在ですが、意外に彼らのモチベーションの源泉や、気にしていることに無頓着なケースも多いものです。一番良くないのは、彼らを一人の人間ではなく、「機能」と見てしまうことです。**「彼／彼女はこういう仕事をする機能」と見た瞬間に、人を動かすことは難しくなります。彼らのやりたいことや「野心」、あるいは嫌がることなどを常日頃、コミュニケーションを通じて理解しておくことがまずは必要**です。

同時に必要なのは、彼らから自分がどのように見えているかを知ることです。企業によっては360度評価でそれを可視化することもありますが、その場合でも通常はフリーコメントは匿名ですし、複雑な感情をそのまま書いてくれるわけでもありません。そこで、ここでも日々のコミュニケーションや、間接的に人から話を聞くことで、その人の意識の中における自分の立ち位置を知ることが大切です。

たとえば部下に、「あなたはいざというときに頼りにならない。他部署に対して交渉などをあまりしてくれない」という認識を持たれていたとします。その場合、他部署を巻き込んだ案件を進めるように部下に指示したとしても、彼／彼女は嫌がるでしょう。では、こういう場合にはどうすれば部下は動いてくれるでしょうか？

自分自身が変われれば一番いいのでしょうが、信頼は一朝一夕に築けるものではありません。であれば、上司の力を借りるのがいいかもしれません。上司には当然、「部下をうまく使って結果を残す」という責任があります。それをうまく活用し、彼／彼女に自分が苦手としている仕事を手伝ってもらうのです。「上司は無料で使える最大の資源」という言い方もありますし、上司も社内的な評価を気にするという点では同じです。彼らの心象風景に立って、物事を考えることはやはり有効なのです。

このとき、同時に「視座を上げる」という訓練もするといいでしょう。上司やその上司、さらには経営者の視点に仮想的に立って、物事がどのように見えているのかを俯瞰してみるのです。そうすることで、自分の考えている範囲の狭さを再確認し、全く別の打ち手を思いつくことも可能になったりするのです。

効果的なシーン

Win-Winの関係性を構築し、皆がハッピーになりつつビジネスを推進する

一目置かれるためのポイント

1 相手の利益に注目する
2 相手の社内の立場に注目する
3 相手の動機や野心、組織的責任に着目する

PART 23

視点を変えて考えるコツ②

モノの見方を全く変えることで
新しい世界観が開けてくる

視点、観点を変えることで別の世界が見える

視点を変えることで、「世の中の見え方が変わる」ということがあります。たとえば、生物学者のリチャード・ドーキンスは「利己的な遺伝子」（selfish gene）という考え方を紹介することで、生物学の世界はもちろん、一般の知識人にも大きな影響を与えました。

利己的な遺伝子とは、「自然選択の実質的な単位は遺伝子であり、生物は遺伝子によって利用される『乗り物』にすぎない」という説です。あらゆる生物は、特定の遺伝子が自己増殖するための装置であり、それに都合がいいように行動するだけだというのです。たとえば、人間は自分の子どもが危機に瀕すると助けようとしますが、それも自分の遺伝子を残すための行動にすぎないというのです。この考え方には多くの非難も寄せられましたが（詳細は割愛します）、進化生物学に大きな一石を投じたのです。

別の例では、ジョン・メイナード・ケインズの需要に視点を移した有効需要の法則は、それまでの経済学の見方を大きく変えることになりました。需要があれば供給を作ることができるというのは今では広く受け入れられた考え方ですが、当時は非常に斬新で、懐疑的な意見も多かったのです。

「うまい言い換え」で物事の本質を探る

モノの見方を変える比較的シンプルな方法は、表現の仕方を変えることです。その中でもシンプルなのは、交渉術などで説

明されるフレーミング（枠づけ）です。フレーミングでは、「額と率」「時間軸」「プラス方向かマイナス方向か」などさまざまな言い換えが提唱されていますが、それによって実際に人間のモノの見方は大きく変わることが知られています。たとえば、「まだ半分残っている」と「もう半分終わった」では、人の受け取り方は大きく異なるのです。

あるものを別の定義で表せないか、強引に考えてみることも有効です。以下のようなイメージです。

「寿司屋とは、寿司で客寄せをしてアルコールで儲ける飲食業である」
「アメリカにおける有名私立大学とは、優秀な学生と金持ちの子どもをマッチングさせる場であり、金持ちとなった卒業生からの寄付で運営する教育研究機関である」
「日本の有名私立大学とは、活躍している先輩や、将来活躍する仲間とのネットワークを作る場である」
「正義の反対は悪ではなく、もう一つの正義である」
「子育てとは親育てである」
「(2020年の)GoToキャンペーンは日本中の資産持ちのシニアから地方の観光業への所得再分配政策である」
「優秀な部下とは、いつか自分の上司やビジネスパートナーになるかもしれない、仲良くしておくべき人材である」
「シニア民主主義とは、これから生まれてくる子どもに対する公的な虐待である」

うまく定義を考えることができれば、物事の本質にも近づけますし、人々を「ハッ」とさせることもできるのです。古典ですが、アンブローズ・ビアスの『悪魔の辞典』などは参考になります。

○ 反対にする、評価軸を変える

文字通り物事をさかさまにして見たり、全然異なる方向性から見てみることも効果的な場合があります。たとえば、日本列島を南を上にした地図を作って眺めてみると、日本海がまさに日本の内海のように見えます。そして中国から見ると、外洋への通り道をすっぽり日本列島がふさいでいるように見えることが分かります（実際に地図で確認してください）。このような見方をすると、中国が尖閣列島にこだわるのは、外洋への通路を求めているためだということがよく分かるのです。我々はどうしても地図は北を上に見てしまう癖がありますが、それをやめるだけでもいろいろな発見があるのです。

同じ地理ネタでいえば、「日本は人口やGDPは大きいものの、国土の面積は小さい」と考える人がほとんどでしょう。ただ、これも見方次第です。たとえば、日本の領海とEEZ（排他的経済水域）の合計は、世界6位という見方もあります。つまり、海洋国家としての日本は地理的にも世界で有数の大国ともいえるわけです。

全く別の例として、「あと何回親に会えるか？」というものもあります。子どもの頃は毎日会っていたので気にもしませんでしたが、筆者の場合、最近は多くて年に2回です。となると、平均寿命を考えると、親に会えるのは多くてもあと十数回程度ということが分かります。そう考えると、その機会を大事にしようという意識が自ずと高まるのです。

良い意味で「捻くれた」視点を持ち出す

KITビジネススクールの三谷宏治氏は著書の中で、「なぜ空気は透明なのか?」という質問をコンサルティングファームの入社希望者にした経験を書かれています。皆、物理的あるいは化学的に説明しようとするなどして頭を悩ませるのですが、その答えは「空気が透明に見えない動物は淘汰されて消えてしまったから」というものでした。これは、いわれてみれば「ああそうか」とも思うのですが、なかなかすぐには出てきません。「動物にとって空気が透明に見えている」という状態を別の角度から見てそれに意味付けをしたものともいえます。こうした見方は容易ではないですが、冒頭のドーキンス的なインパクトを与えます。

別の例で、「歴史上の敗者の多くが残忍だったり人格に難ありなのはなぜか?」を考えてみましょう。実際、煬帝（隋の2代目皇帝）や、日本では源実朝（鎌倉幕府第3代征夷大将軍）などは、残忍、あるいはリーダーの器ではないように書かれている典型でしょう。もちろん、実際にそのような人物でなかったがゆえに王朝を維持できなかったという見方もありますが、それだけではないはずです。

歴史というものをもう少し考えてみると、「勝者が書くもの」という側面が見えるはずです。つまり、勝者が敗者を貶めているがゆえ、敗者はひどく書かれていると見る方が適切ともいえるのです。アメリカの西部劇がインディアンを悪人のように描いているのも同様でしょう（実際に、よりひどいことをしたのはアメリカ大陸への移住者でした）。**良い意味で「捻くれた」見方をし**

てみると、違う世界が見えてくるのです。

筆者が好きなマックス・ヴェーバーの『プロテスタンティズムの倫理と資本主義の精神』は、「なぜ厳格なピューリタニズムの国で、金銭的に貪欲な資本主義が発達したのか」という問題意識のもと、その理由を仮説的に解き明かしました。詳細は複雑なので原典を参照していただきたいのですが、「真面目で勤勉→効率的なことを喜ぶ→利益の正当化」という流れは、まさにコペルニクス的転回だったといえます。

このように、**逆説的に物事を説明できたとき、そのインパクトもあって人はそれを記憶にとどめやすい**ということもあります。よく小心な人が大きな不正を起こすことがありますが、これは、小心者「だからこそ」、不正がばれることを恐れ、秘匿するため、かえって大きな不正につながったと見る方が適切なのです。ナチスで大勢のユダヤ人を虐殺したアイヒマンも、当初人々は「なぜこんな小物があんなとんでもないことを?」と疑問に思いましたが、彼は小役人だったからこそ、上の命令を忠実に守ったにすぎなかったのです。

全く別の視点を提供することでより本質に近づく

一目置かれるためのポイント

1 表現を変えて説明してみる
2 慣れた見方や定義を変えてみる
3 物事を見る方法を抜本的に変えてみる

PART 24

関数で考えるコツ

メカニズムを関数で捉えることで
より正確な予想ができるようになる

現代人は両者の混合した世界を生きている!

一次関数的世界観

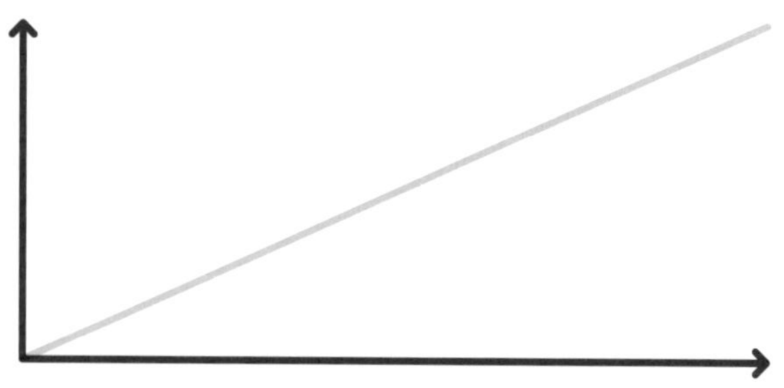

指数関数的世界観

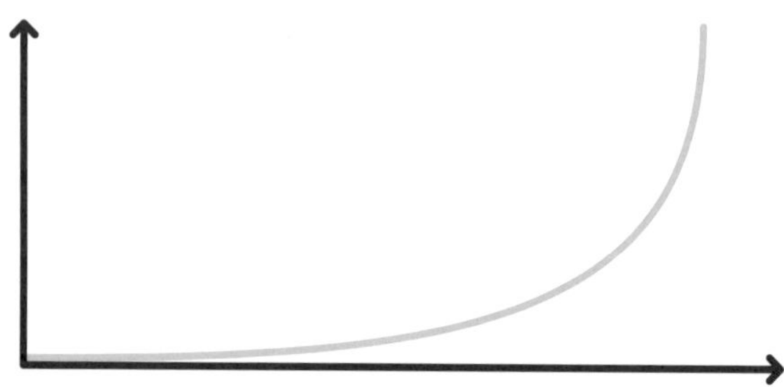

○ あらゆる変化は関数で表せる

関数というと数学が苦手な人は身構えてしまうかもしれませんが、単純にいえば、ある数字の変化によって、別の数字（結果）がどう変わるかを表したものが関数です。

たとえば、あるベンチャー企業のバーンレイト（一定期間に発生する赤字額）が月30億円で、調達した現金が現在300億円あるとします。この場合、バーンレイトに大きな変化がないのであれば、現金をy、過ぎていく月数をxで表せば、y＝300億－30億xの式が成り立ちます。

容易に分かるのは、このペースでいけば10カ月で資金がショートしてしまうことです。それは、10カ月以内に次の資金調達のめどを立てなければいけないということを意味します。実際には10カ月間同じペースでバーンレイトが続くことはないかもしれませんが、平均してそのくらいの額が毎月「解けていく」という前提がラフに置けるならば、10カ月以内に何とかしなくてはというめどが立てられるわけです。

○ 厳密でなくても どんな関数になるかをイメージする

関数を頭の中でイメージして考える第一歩は、その関数がどんな形の関数になるかを想定することです。その際、厳密さにこだわりすぎる必要はありません。たとえば、有名な変動費、固定費の図も、実際に固定費は一定、変動費はきれいな直線となることはなく、多少はデコボコするものです。ただ、それは実際に予測できるものではありませんし、予測したところであまり意味はないので、最も近い関数に近似して考えれば十分です。

［図8］　変動費と固定費の挙動

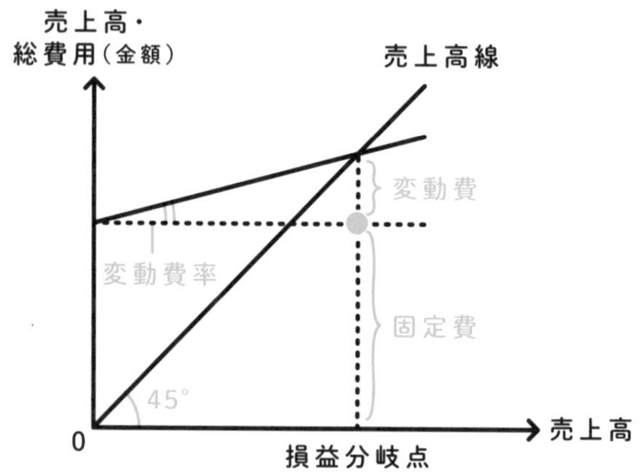

このケースでは、グラフを書くと図8のような一次関数になります。このようにモデルは極力シンプルにし、実際の動きに即した微調整は運用や解釈の段階で検討すれば十分です。

ビジネスにおいてよく登場するのは以下の関数です。

- 一次関数：図8のように、変数の変化に応じて一定の比率で結果が変わる関数
- 二次関数：$y=ax^2+b$のように表せる関数。最大値もしくは最小値が存在する。ビジネスで登場することはあまりない

が、売上げを最大化する価格を求める際などに用いられる

- 指数関数：$y=a^x+b$のように表せる関数。xが大きくなると急激にyが増加（あるいは減少）する。ただし、縦軸を対数軸で表すと、指数関数も一次関数で表すことができる。ITビジネスの世界などで頻出する

本項では主に一次関数と、最近注目されている指数関数についてコメントします。

○ 一次関数で本質を知る

一次関数は最も単純な関数ですが、分かりやすさも抜群で、一番多用される関数でもあります。先述した固定費・変動費のグラフの他、価格弾力性のグラフ、リスクとリターンのグラフなど、多くの場面で用いられます。

一次関数の醍醐味は、何かの法則を見出すことでしょう。たとえば、縦軸に収益性、横軸にさまざまな変数を置いて分析し、一次関数に近い線が引ければ、それはそのビジネスの儲けのカギのヒントを得られたことを意味します。きれいな直線である必要はなく、相関係数が0.7以上の直線が引けたらだいたいはOKです。筆者も若い頃、こうした分析を非常にたくさん行い、当該のビジネスに関するヒントを得ようとしたものです。

なお、最初から事実に基づいて帰納的に考えることも重要ですが、「本来このような直線のグラフになるはず」という仮説が立てられたときに、実態がそうなっていなかった場合も、その発見に意味があることがあります。そこで「なぜ?」を考え

ていくことも重要です。たとえば、セミナーで「総合満足度」と「新しい発見の多さ」にあまり相関がなかったとしたら、「本来集めるべき聴衆と違う層が来てしまった」あるいは「新しくはあるが、お役立ち感が薄かった」などの仮説が立てられるのです。

○ 指数関数で予測する

指数関数的変化は、1、2、3、4、5、6、7、8……といった線形の変化とは異なり、1、2、4、8、16、32、64、128……と雪だるま式に増えていく（あるいは減っていく）変化です。かつて消費者金融が問題になったのも、20％台後半の金利が複利で利くため（複利はまさに指数関数です）、あっという間に借金が増えていったからです。

指数関数的変化の例としては、経験曲線（累積生産量が増えるに従って、単位当たりのコストが低減すること）などが古くから知られていましたが、特に近年はIT関連のビジネスで多く発見されています。

その理由としては、ITビジネスの基盤となる半導体そのものに「ムーアの法則」（半導体回路の集積密度は1年半程度で2倍になるという経験則）が働き、あっという間に処理速度が上がり、同時にコストが低減すること、またネットワークの効果（数が便利さにつながり、さらに数につながるメカニズム）が働きやすいことなどが指摘されます。

指数関数的変化が予測される分野では、たとえば100倍の性能向上や100分の1のコスト減をイメージして何ができるかを描く想像力が求められます。また、それが5年後なのか10年後になるのかなども、過去のトレンドを参考にして予測を立てることが必要です。これをどのくらいの精度で行えるかが、次項で触れる適切なゴール設定にも効いてきます（163ページ参照）。

目先の利益に引っ張られるのではなく、数年後の「劇的に変化した世界」をイメージしながらそこに至る道を構想することが必要で、場合によっては「雌伏」の期間が長くなる可能性もあるので（例：テスラなど）、関係者に対してビジョンをしっかり語ることが求められます。

なお、IT領域は指数関数的に向上しても、世の中のインフラや法律などがそこまで変わらないということもあるので、何がボトルネックになるかには十分な注意が必要です（170ページ参照）。場合によってはそこに働きかけ、ボトルネックを解消することも必要です。もし技術的には5Gの世界が来たとしても、それに見合うコンテンツ数が用意できなかったら、消費者が得られる便益も大きく減じてしまうのです。

効果的なシーン

ビジネスの肝をつかんだり、未来を予測してそれに備える

一目置かれるためのポイント

1 どのように変化するかのめどを立てる
2 役に立つ相関を見出す
3 100倍変化した世界を想像する

PART 25

ゴールから考えるコツ

ゴールを見据えることでダンドリが良くなる

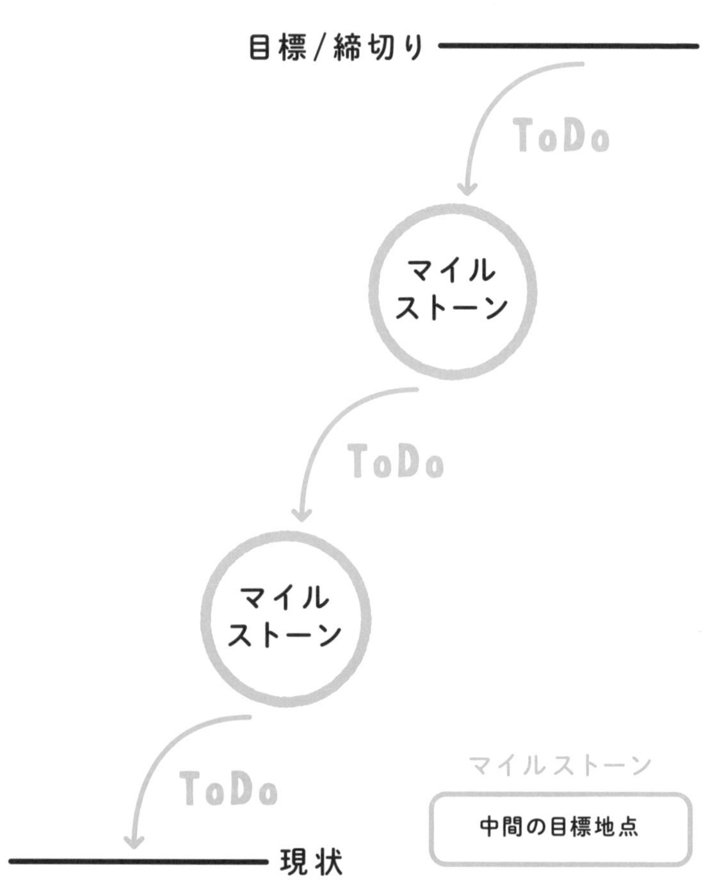

簡単そうで難しいゴールからの逆算

ゴールから考えるという方法論(逆算思考ともいいます)自体は、大なり小なりほとんどの人がやっていることです。夏休みの宿題であれば、「7月中にここまで済ませて、お盆までにここまで済ませれば大丈夫」といった感じで考えた人は多いでしょう。日常の仕事も、1週間の猶予があれば、中間地点(3日後など)までにやることを大枠で定め、ペース配分するという人は多いはずです。企業レベルでも、10年後のビジョンを設定し、それに向けて毎年の戦略を立てるというところがあるかもしれません。

この思考法のメリットは、ゴールを明確に意識しているため、ダンドリが良くなること、そしてゴールや中間地点のゴール(マイルストーン)があることでモチベーションが湧きやすくなることです。たとえば、高校球児で「来年、甲子園出場を目指す」という目標があれば、やはりやる気も出ることでしょう。

このように比較的シンプルに思えるこの思考法ですが、それでも得手不得手の差は出ます。その差がどこに表れるかといえば、最終的なアウトプットの質です。なぜそのようなことになってしまうのかも含め、この思考法のコツを見ていきましょう。

ゴールを高く設定する

ゴールから逆算するうえでまず大切なのは、ゴールの設定です。ゴールの設定が不適切だと、そこから逆算してダンドリを考えたとしても、好ましいアウトプットは出てきません。よくあるのは、以下のようなケースです。

- ゴールのレベルが低い（妥協している）
- ゴールのイメージがぼんやりしている

前者は、自分の本来の実力より下にゴールを設定してしまうということです。100M競走に例えれば、本来10秒5で走れる能力があるにもかかわらず、11秒を目標に設定してしまうということです。

その理由としてあるのは、自分の能力を正しく把握できていない、すぐ楽をしたいと考える、などです。これは自分自身がやろうとしていることだけではなく、上司から頼まれた仕事などでもよく起こる事象です。本来、もうひと粘りすればさらに良いアウトプットが出せて、高く評価されるような場面でも、「まあこの程度でいいか」と妥協してしまうのです。こうしたことを続けていると、いつの間にか自分の能力や周りからの評判も下がり、「本来できるはずだった」仕事までできなくなるので大いに注意を払う必要があります。

これを避けるためには、まずは極力正しく自分の能力を把握すること、そして志を高く持ち、易きに流れないマインドセットを持つことが必要です。特に難しいのは後者です。これについてはこのテーマだけで1冊の本になるくらいですが（グロービス著『志を育てる』〈東洋経済新報社〉などもご参照ください）、常に自分をプッシュして、

「妥協していないか？」

「5年後の自分が今の自分を見たときに褒めるか、それとも叱るか?」
「死ぬときに悔いのない人生を送れたといえるか?」
「今の評価で満足できるのか?」

などを自問する癖をつけるといいでしょう。**良い意味で「悔しい」というセンスを持てるかが大事**です。

○ ゴールを具体的に設定する

想像力を働かせ、ゴールのイメージを明確に持つことも大切です。最もシンプルな方法は、期限を決め、具体的な数字も交えて明確なゴールをイメージすることです。

たとえば、「35歳までには100人規模以上の企業で執行役員以上の役職に就く」などです。空想ではいけませんから、先述の自分の実力の客観視に加え、世の中の現実を知ることも必要です。企業がビジョンや戦略を策定するときに市場や競合、マクロ環境といった経営環境をしっかり押さえるのと同様です。158ページで触れた指数関数的変化(多くは技術の進化が関係する)になると正確な予想は難しくなりますが、やはりサボってはいけません。

客観的な視点で現実を見つつ、そのうえで「頑張れば届く」「工夫すれば届く」「そうなっている自分をイメージすると楽しくなる」といったレベルのゴールを設定できるかがカギとなります。多くの人を巻き込むような場合には、彼らがそれに向かってワクワク頑張れるかといったこともイメージする必要があるでしょう。

その際には、**自分のことだけではなく、より社会に貢献できるといった要素を盛り込むことも効果的**です。ゴールを適切に設定できれば、そこに至るストーリー(136ページ参照)にも具体性を持たせることが容易になります。

なお、短期的なゴールの先には必ずより長期的なゴールもあるものです。その**長期的なゴールと短期的なゴールが整合しているかを確認する**ことも必要です。もっとも、一般のビジネスパーソンの場合、たとえば「医学部に入る→医師になる」といった単線的な流れになることはなく、紆余曲折の中で長期のゴールが変わることもよくあることです。整合性は意識しつつも、柔軟に考えることも必要です。

○ 具体的なタスクに落とす

「夏までに体重を5kg落とし、腹筋を割れるようにして、自信を持って水着が着られるようにする」という目標を設定したとしましょう。そのためには何が必要でしょうか?

このケースならば、食事制限、適切な運動やエクササイズなどがすぐに浮かぶでしょう。数字を明確にすることは、具体的なタスクを考えるうえでも役に立つのです。期間を分割してマイルストーンごとの到達目標を設定すると、さらに具体的に考えられます。

ただ、このようなシンプルなケースは少なく、実際にはもう少し選択肢が増えるものです。先の「35歳までには100人規模以上の企業で執行役員以上の役職に就く」であれば、マイルストーンの置き方にも幅が出ますし、転職するのか、仲間と一緒に起業するのかといった選択肢も出てきます。また、どのような実績を残せばそこにたどり着けるかということにもさまざまなオプションがありそうです。

絶対的な正解はないですが、こうしたケースではいくつかのオプション出しをし、それを実現可能性、リスク、自分がワクワクできるか、などの軸で評価してみるといいでしょう。なお、オプション出しは往々にして考え漏れが生じるので、ロジックツリー（174ページ参照）などを用い、方法論を網羅的に検討しているかを確認してみましょう。一番先に思いついたありふれたやり方に飛びついていることも多いからです。

大事な事柄になるほど、「他に選択肢はないか？」「見落としはないか？」「狭い前提の中で考えていないか？」などを問いかける習慣をつけることが効果的です。良い方法論が見つかれば、それはゴールをより高く設定できることにもつながるのです。

**ダンドリよく物事を進め、
高いアウトプットを残したいとき**

一目置かれるためのポイント

1 自分をプッシュすることで到達できる最高の目標を設定する
2 具体的なイメージや数字で考える
3 方法論でも妥協しない

PART 26

「できたらいいな」から考えるコツ

クリアすべき最重要課題≒ボトルネックを見つけられる

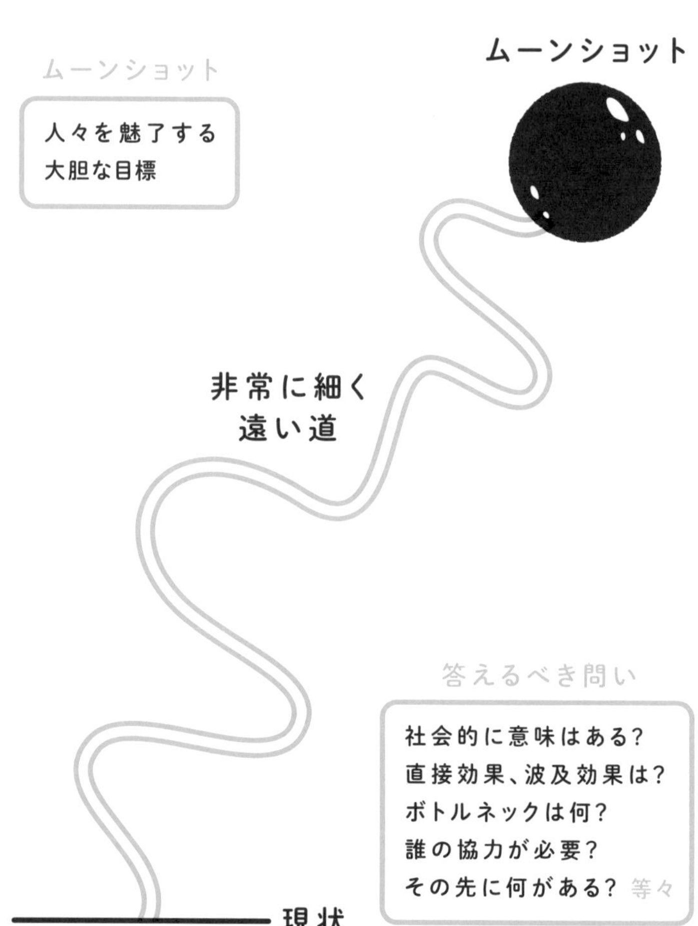

人類を発展させた「できたらいいな」という発想

「できたらいいな」という発想はまさに人類を発展させてきた原動力です。

「インドに海ルートで到達できたらいいな」という15世紀のヨーロッパ人の思いは大航海時代へとつながり、アメリカ大陸の歴史を大きく変えてしまいました。「鳥のように空を飛びたい」という思いは飛行機の発明へとつながりました。当時は物理学の重鎮さえ「空気より重いもの、ましてや鉄のような重いものが安定して空を飛ぶわけがない」という意見を述べていた時代ですが、形状などを工夫することで、ライト兄弟はそれを実現したのです。

最近よく「ムーンショット」という言葉を聞きます。これは人類を月に送ったアポロ計画になぞらえたもので、人々を魅了する大胆な目標のことを指します。ムーンショットの実現はそれ自体もインパクト大ですが、副次的効果も多々もたらします。たとえば、アポロ計画はコンピュータや電子機器の発展はもちろん、保存食やヘルメットなどの民生品にも影響を与えました。

最初からすべての副次的効果を予測することは難しいですが、ある程度それを予測しておくと、さらに多くの人々の協力を得ることにもつながります。（なお、意図せざる微妙な効果が生まれることもあります。アポロ計画後のNASAの予算削減は、スタッフの金融分野への移行を促し、1980年代以降の複雑な金融工学の発達につながりました）

○ ムーンショットのカギは斬新性

ムーンショットとなる目標の設定は、おおむね前項の「高いゴール設定」とも関連してきます。**夢物語ではなく、頑張ればギリギリ到達できるという点がまずはポイント**です。そして、**それに加えたいのは多くの人にとっての斬新性**です。アポロ計画であれば、「生物を月に送る」だけではやはり迫力に欠けます。「人類を月に送り、生還させる」の「生還させる」という斬新性が、宇宙物理学者やエンジニアだけではなく、医師や、さらには宇宙飛行士など多くの人々を巻き込む原動力となったのです。

ムーンショットの効果の一つは、社内に限らず「多くの人々を巻き込み、前進すること」です。社員はもちろんのこと、エコシステムの多くの人が「そこに関わりたい」「自分も貢献できる」と思えることが大切です。

ムーンショットの経営理念やビジョンを掲げて成功した例はグーグル（アルファベット）でしょう。「世の中の情報を使いやすいように整理する」という目標は、実際に多くのエンジニアを引き付け、グーグル躍進の原動力となりました。「人々を携帯でつなげる」というノキアの理念も、同社が一時期、携帯電話で40％のシェアをとるに至った原動力となったのです（残念ながら、ガラケー〈フィーチャーフォン〉はスマートフォンに代替され、ノキアは携帯電話事業から撤退しましたが）。

多くを語らなくても、ムーンショット的な目標設定で社員を鼓舞するケースもあります。ファーストリテイリングの「売上高5兆円」や日本電産の「売上高10兆円」も、現状の延長線上では見えてこない目標です。しかし、それを提示することで、人々が既存の常識にとらわれず、「どうすれば目標を達成できるか」を考え、組織全体を一枚岩にすることが可能となるのです。

○ 社会貢献を盛り込む

多くの人を駆り立てるムーンショットの目標設定について近年よくいわれるのは、単に時価総額を上げる、あるいはシェア○○%を目指すといったものではなく、社会全体にとってのインパクトを盛り込むというものです。

たとえば、「80歳から90歳まで雇用を維持する」という目標は一見荒唐無稽ですが、これからの超高齢社会、若年労働者不足の社会を考えると、その社会的インパクトは非常に大きなものがあります。具体的な方法論を考えるのは容易ではありませんが、賛同する人々は多いのではないでしょうか。

多くの賛同者が集まれば、アイデアも集まるものです。「雇用の柔軟性をもっと高める」「週2日勤務、オンライン化を進める」「オンデマンドでシニアの知見を活用する」「働くほど健康になる仕事を創出する」といった、現在の常識を超えた発想が生まれる可能性もあります。80ページでも触れたように、人間は知らず知らずのうちに何らかの常識や前提にとらわれているものです。**高い目標は、自ずとその前提を疑うことを促し、クリエイティブな解をもたらす可能性がある**のです。

毎回毎回ムーンショットでは疲れてしまうでしょうが、組織の停滞感や競争力なども勘案し、タイミングよくムーンショットを打ち出すことは、人間の持つ可能性を解放する効果があるのです。

○ 何がボトルネックかを知る

いざムーンショットにチャレンジしようとなると、何がそれを妨げる最大要因かが見えてくるものです。これもムーンショットを設定する大きな効果です。単に技術的課題、あるいはテクニカルな問題であれば何とかなることも多いのですが、法制度や社会の意識が絡んでくると、これは簡単ではありません。日本では昔から、技術的には問題がないにもかかわらず、地価の高さや利権ゆえに断念されたプロジェクトが多数ありました。

一例として、「管理職の女性比率をあまねく50%程度とする」を考えてみましょう。目標としてはいいですが、何がボトルネックになりそうでしょうか？　まず、産休や再雇用などについて法整備をしたり、企業の意識が変わらないと難しいでしょう。

さらにいえば、家庭における男女の役割分担なども問題になりそうです。共働き家庭における家事分担の平等化はかなり進んだとはいえ、おそらく、いまだに「料理は女性がするもの」という意識は強いのではないでしょうか。これでは目標はなかなか達成できません。

しかしこうした問題は、食事は1日3回バランスよく取らなくてはダメという「これまでの常識」を疑うことで解消できる可能性もあります。欧米並みに簡単な料理で済ます、あるいは基本的な栄養を摂れるサプリなどが開発できれば、この問題は一気に解消できるかもしれません。

「転勤があったら女性の方が仕事を辞めてついていく」という発想も問題となりそうですが、これはひょっとしたら、「そもそも転勤というものを抜本的に見直し、オンラインで何とかする」というブレークスルーで解消できるかもしれません。2020年はコロナ禍に見舞われた年ですが、多くの仕事はオンラインで何とかなるということが分かった年でもありました。

コロナ禍は意図せぬ原動力でしたが、「本来こうあるべき」「こうなった方が絶対に良い」という大義を主張できるのであれば、それを前提に、何がそれを阻むのかをしっかり検討することは、ムーンショットに近づく大きな第一歩となるのです。

劇的な前進を、
劇的な方法論で勝ち取りたいとき

一目置かれるためのポイント

1 それなら自分も一肌脱ぎたいと思わせる
2 「社会のため」という大義を盛り込む
3 何が前進を阻む根源的要素かを見極める

PART 27

「根源」を考えるコツ

ピンポイントで問題解決できるため、
費用対効果が高くなるケースが多い

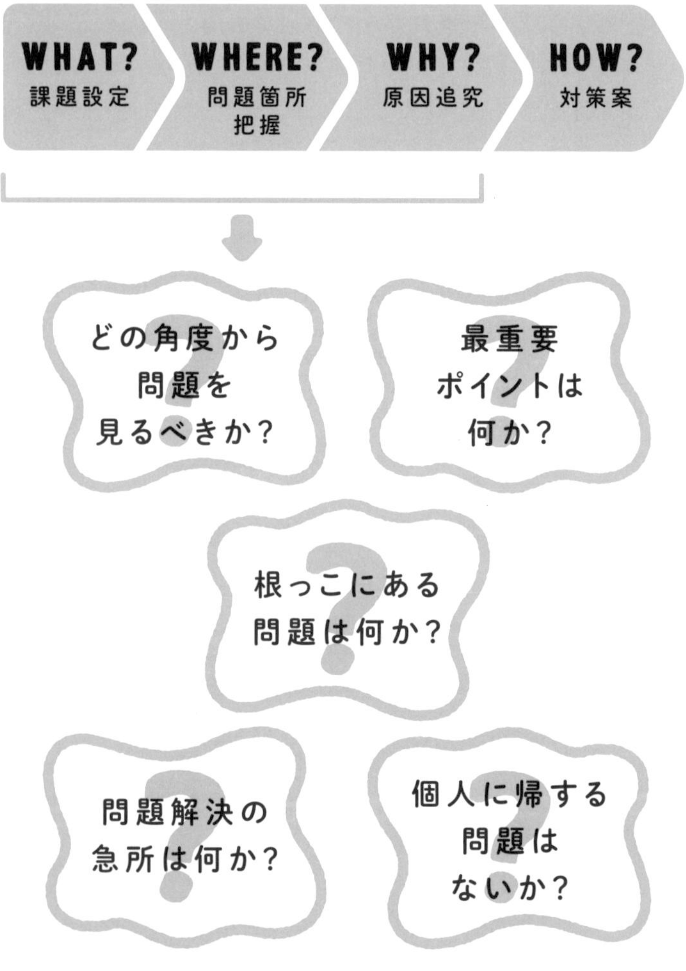

WHAT? 課題設定 → WHERE? 問題箇所把握 → WHY? 原因追究 → HOW? 対策案

どの角度から問題を見るべきか？

最重要ポイントは何か？

根っこにある問題は何か？

問題解決の急所は何か？

個人に帰する問題はないか？

あらゆる問題には根源がある

表層的に見えている問題は、突き詰めるとその根源ともいえる原因があります。たとえば、高血圧という症状を考えてみましょう。直接的な原因は血管が狭まることや血液がドロドロになることなので、血液がサラサラになるような薬を飲めば、いったん症状は治まります。しかし、これでは対症療法にすぎませんし、すぐに再発しかねません。

このケースでは一歩踏み込んで、なぜ血圧が高いのかを考えてみます。そうすると、日常生活の中で塩分の取りすぎや肥満、運動不足といった原因が見えてきます。つまり食生活や生活習慣を変えることで、血圧を下げることができるのです。「ではなぜ塩分の取りすぎや肥満、運動不足が生じているのか」というさらなる深掘り質問もできます。こうして、**ある程度の根源的な原因を見極め、対処できると見切ったらそこで対策を打つのが一般には効果的**です。

ロジックツリーや「なぜを5回」を使う

問題の根源を発見するツールとして知られているのがロジックツリーです。ロジックツリーでは、原因の候補をモレなくダブりなく（MECEに）枝分けしていくことで、何が本質的な原因になっているかを考察するものです。ロジックツリーではまず「改善感度の高い箇所」（Where）を突き止めた後、それが生じている原因（Why）を問いかけます。

[図9] ロジックツリー

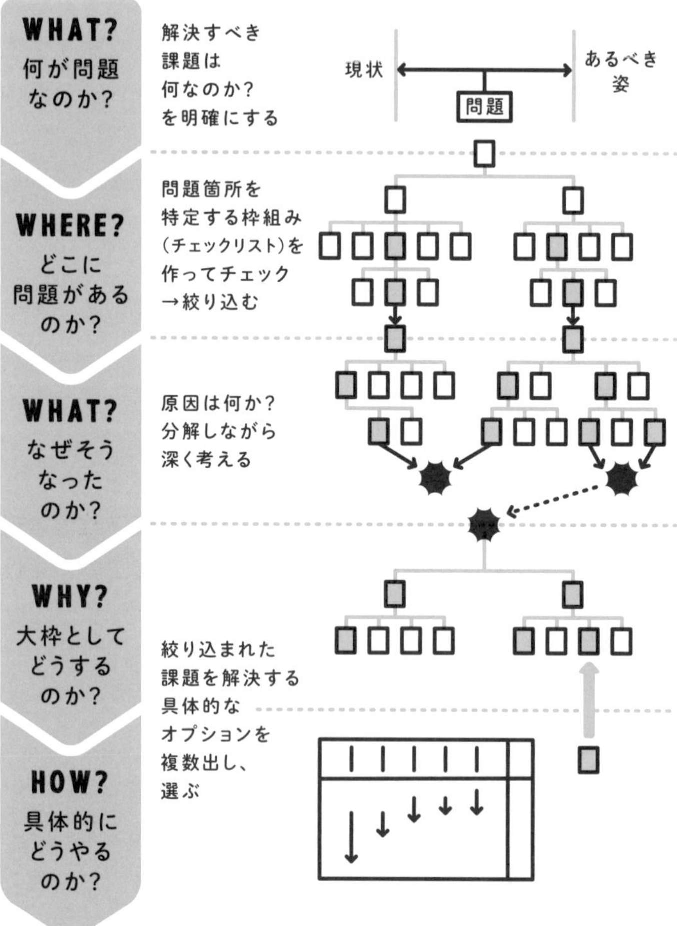

ロジックツリーは大きな見落としなく問題の本質に気がつける点がメリットです。対策案（How）を網羅的に検討する際にも応用可能です。

もう一つシンプルな考え方が「なぜ?」という質問を投げかけ、最も大きな原因になっている要素をどんどん深掘りするという方法です。ロジックツリーの一番本質的な枝をどんどん彫り込んでいくイメージでしょうか。たとえば、以下のような感じです。

「なぜわが子の英語の成績が振るわない?」
「英語の勉強にかける時間が少ないから」→「なぜ英語の勉強に時間を使わない?」
「英語を学ぶ意義を実感できていないから」→「なぜ英語を学ぶ意義を実感できていない?」
「それが役に立ったシーンを見ていないから」→「なぜ英語が役に立ったシーンを見ていない?」
「親や教師がそれをサボっているから」

これはもっと深掘ることもできますが、このくらいまで来ると対策も見えるでしょう。もし英語ができる親であれば、それを使ってどんなメリットがあったかということを話したり、逆にできないときにどんな不都合があったかなどをしっかり話せば、子どものやる気も出そうです。人を学びに駆り立てる大きな要素は「利益実感」(役に立つと思える感覚)と「危機意識」ですから、それを適切に刺激するといいでしょう。

これらのツールや方法論は、いずれも原因のさらなる原因を問いかけるという点で共通しています。

○「本当にそれが原因か？」と自問する

原因と結果の間には通常、タイムラグ（時間のずれ）が生じるものなので、それには注意が必要です。たとえば、既存顧客を失ったという問題ではともすると、「競合が台頭してきた」「昨年不手際があった」など、目の前の出来事に目が行ってしまうものです。しかし、よくよく分析してみると、それは最終的な引き金を引いたにすぎず、実は顧客のちょっとした不満が長年にわたり溜まっていた、というのもよくあることです。

それをさらに深掘りしてみると、「自社都合でしょっちゅう担当者が変わる」という社内システムに相手が不満を抱いているということが分かったりするのです。もしそうであれば、もっと引き継ぎの精度を上げる、現行の顧客アサインのシステムを見直すなどが再発防止には有効かもしれません。

頭の中で関係者の相関図を明確にイメージとして浮かべてみたり、「本当にそれが原因か？」「先行する原因はないのか？」などを自問する癖をつけるとよいでしょう。

○ 人間に対する洞察を深める

問題の根源を突き詰めていくと、最終的には一個人の思いやこだわりに起因するということもよくあります。難しいのは、それが嫉妬や憎悪といった負の感情や本人の性格などに起因する場合です（個人ではないですが、民族間の対立なども似た構造にあります）。

前者についていえば、嫉妬などは時に多大なエネルギーを生み出すこともあるので、それ自体を否定するものではありません。難しいのは、たとえば「自分の目の黒いうちはあいつは許さない」などと公言されずに、心の内に秘められてしまうことが多いということです。こうしたことが原因になってしまうと、他人には問題の根源が見えにくいため、間違ったアクションにつながりやすいのです。

本人の性格も同様です。これは過去の言動から多少当たりはつけられますが、それでも他人には分かりにくいこだわりが妨げになるケースもあります。

これらを突き止めるのは難しいですが、人間というものに対する感度や洞察力を高め、「ひょっとして、これが原因なのでは」という仮説を立て、間接的にでもいいのでそれを検証するアプローチも時には必要なのです。

効果的に問題解決を行う

一目置かれるためのポイント

1 オーソドックスなツールを確実に使いこなす
2 タイムラグに注意を払う
3 人間の心理を洞察する

PART 28

違和感から考えるコツ

ちょっとした「あれ？変だな」から
隠れていた真実に気づける

○ 違和感は「何かある」ことの印

仮に世の中に大きな変化がなく、同じ日常が続くとしたら、違和感を抱くというシーンはあまりないかもしれません。あるいは、物事がすべて自分の想定通りに動く、あるいは過去に動いていたら、これまた違和感を覚えることがないでしょう。

実際には人間は日々違和感を抱きながら生活しているものです。ただ、長く生きていると、そうした違和感を無視しがちになります。ほとんどの場合それでもいいのですが、中には見過ごすとよくない違和感もあるものです。

見過ごすべきではない重大な違和感に気づけるか否かで、ビジネスパーソンの生産性も大きく変わることがあるのです。

○ 大きな出来事の前兆としての違和感に気づく

良いことであれ悪いことであれ、物事にはその予兆というものがあります。地震であれば、大きな地震が起こる前には小さな地震が起こることが多いでしょう。それまで10日に1件しかなかった「ヒヤリ・ハット」が1週間に1件に増えたら、「風紀が緩んでいて、大きなトラブルが起こる可能性が高まっているのでは」と考えることもできるでしょう。そうした違和感をしっかり捉え、事前に備えることは非常に大切です。

ただ、人間には「正常性バイアス」という特性があります。これは、「とんでもないことなんてそう簡単には起きない。結局は正常な状態に戻るだろう」と考えてしまう思考の傾向を指します。毎回心配していたら精神も身ももたないので、このように考えることは、人間という動物が生き延びてきた知恵でもあるのです。

特にこの傾向が強くなるのは、違和感を覚えても、結局トラブルに結びつかなかった場合が積み重なったときです。

たとえば、人間ドックで便潜血が出たとします。便潜血は大腸癌などの予兆となることが知られていますが、擬陽性の多い検査でもあります（筆者も2回ほど擬陽性で引っ掛かりました）。最初は心配になって大腸内視鏡検査などを受けるのですが、擬陽性ということが何度も続くと、「今回も大したことはないだろう」と精密検査をサボるようになってしまうのです。頭痛やめまいなども、初めてそれを感じたときには心配しますが、慣れてくると「まあ今度も」と思うものです。

やっかいなのは、そうした予兆の中にも、クリティカルな結果に結びつくものがしばしば交じるということです。ビジネスでも同様です。

そこでのポイントは、前の違和感との差に敏感になることです。たとえば、定番商品のシェアが少し下がるということはよくあることですが、「その度合いが大きい」「元に戻るスピードが遅い」などの事象が観察され、かつそれにすぐに説明がつかないようなら、その事象をより詳細に分解して調べたり、その原因をしっかり検討するということです。

ビジネスにおいてそうした「気にすべき違和感」を見極める

カギは、コミュニケーションです。商品の売上げであれば顧客の生の声がやはり多くのヒントを含んでいますし、部下の変調も、日常からコミュニケーションをしっかりとっていれば気づきやすくなるのです。

○「驚く才能」を復活させる

著名な社会学者のマックス・ヴェーバーは「学者の大事な才能の一つは、ちょっとしたことに驚くことだ」という旨の発言をしたといいます。普通の人なら見過ごすようなちょっとした違和感が大きな発見につながることが多いからです。

153ページでもご紹介した『プロテスタンティズムの倫理と資本主義の精神』は、「なぜ資本主義はフランスのような世俗的な国ではなく、禁欲的なイギリスの方で発展したのだろう」というちょっとした違和感をベースに、資本主義の成立について優れた洞察を残しました。

「ユニクロ」などを展開するファーストリテイリングは8月決算という珍しい会社ですが、多くの人は一瞬は「へー」と思ってもそれ以上の深掘りはしないかもしれません。ちなみに理由は、8月は小売業にとって比較的暇な時期であり、かつバーゲンなどの在庫も少なくなっているので（夏物は冬物に比べて安いという理由もあります）、見た目のB/Sが圧縮されるなどがあるようです。こうしたことを知れば、自社も3月期や12月期決算という一般的なやり方を変えてみてもいいのではという発想につながるかもしれません。

筆者はアメリカンフットボールが好きなのですが、そのチャンピオン決定戦であるスーパーボウルの回数を表す数字がなぜかローマ数字（たとえば53回目ならSuper Bowl LIII）であることが昔から気になっていました。これも調べてみると、英米人は特別なイベントや人物の序数についてはローマ数字を用いるということが分かります。World War ⅡやNapoléon Ⅲなどがその例です。これもうまく活用すれば、ネーミングの工夫などでその市場における自社製品のスペシャル感を出すことに応用できるかもしれません。

こうした好奇心は子どもの頃は誰もが持っているものですが、大人になるにつれて忘れてしまうものです。素朴な疑問や違和感を大々的に示すことが恥ずかしくなるという理由もあります。だからこそ、そうした発想を持てることが武器になることもあるのです。

「当たり前のようで、当たり前じゃない」にヒントがある

昨今流行りのインサイト（マーケティング用語で、潜在ニーズを購買行動へと導くスイッチのこと。より広義には顧客も気づいていない深層心理のことを指す）も、ちょっとした違和感が活躍する分野です。

筆者の家では、冷蔵庫にジャスミン茶のペットボトルと紙パックとパックから水出ししたものの3種類があります。自分自身では何も疑問に思ってはいなかったのですが、あるとき知人に指摘され、「なぜ3種類あるの？」に即答できませんでした。そのときの気分で飲み分けているわけですが、それが本人にも

簡単には説明できないのです。これをもっと突き詰めていくと、マーケティング上のヒントを得ることができるかもしれないのです。

今や当たり前となった「1人カラオケ」も、「そもそもなぜカラオケには複数人で来るのか?」という違和感から生まれたカラオケの楽しみ方ともいえます。1人でカラオケに来る人を観察したところ、「他人に邪魔されたくない」という深層心理があることが分かったのです。

女児に人気の「プリキュアシリーズ」は、「なぜ女児向けのアニメはおとなしいものが多いのか」という違和感からスタートして、「女の子だって暴れたい」というコンセプトに行きつきました。それまでの「女の子らしいアニメ」を全く好まない女児が増えていたのです。

「それって当たり前のようで、当たり前じゃないよね」という違和感にヒントは宿っているのです。

ライバルに先んじて
ユニークなアイデアを出す

一目置かれるためのポイント

1 「今までと違う」に注意する
2 素朴な疑問は調べてみる
3 ちょっとした行動の違和感を洞察する

PART 29

補助線を引いて考えるコツ

気づきにくい本質に近づける

**補助線を引くことで、
それまで見えなかった世界が見えるようになる**

モナリザの絵

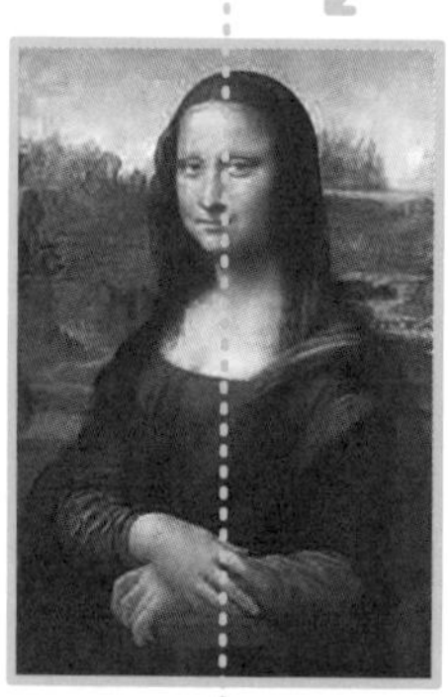

真ん中で切ると、
左右で見える世界が違う

習作と比べることで
作画意図が見える?

○ビジネスで使える「思考の補助線」

補助線はもともと数学で用いられる言葉です。特に図形の問題を考えるにあたり、元の問いにはなかった線を引くことで、一気にその問いを考えやすくなる場合、それを補助線と呼びます。

[図10] 補助線の例

問　平行四辺形ABCDにおいて、AE:EB=1:3、AF:FD=1:1とする。このとき、EG:GCの比は？

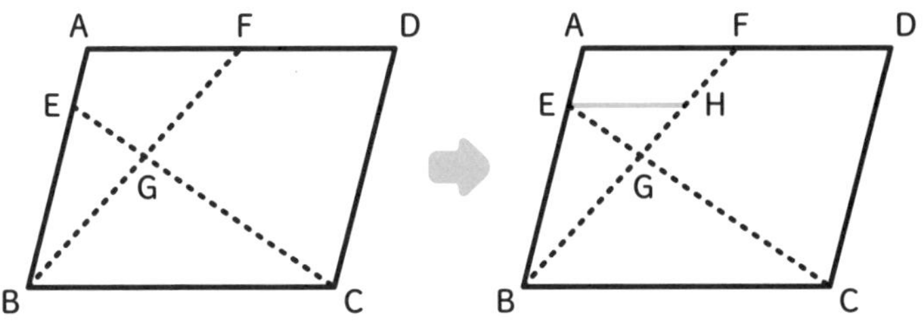

BCに平行な補助線EHを引く。すると AF:EH=4:3。
BC（AD）の長さを1とすると、$EH=1\times\frac{1}{2}\times\frac{3}{4}=\frac{3}{8}$
よってEG：GC＝$\frac{3}{8}$：1＝3：8

ビジネスなどの実生活でも、少し考えにくい問題に対して、ある情報やモノの見方、対比するものを加えることで思考が活性化され、解に近づけることがあります。ここではそれを「思考の補助線」と呼びましょう。148ページでご紹介した「視点を変えて考える」の上級バージョンともいえます。それをいろいろと思いつくことができると、一気に新しい視野が広がってくるのです。

「なぜそうなったか」も補助線を引けば見えてくる

ここでは世界中のさまざまなルールを例にしましょう。そうしたルールの中には、俗にタブーと呼ばれる暗黙の（場合によっては明示されている）了解があります。時々、「なぜこんなタブーがあるのか？」と思うものもありますが、補助線を引くことでその理由が見えてくることがあります。

たとえば、ユダヤ教やイスラームなどでは偶像崇拝を厳しく禁じています。仏教の影響の強い日本人からすると一見不思議なのですが、なぜこれらの宗教ではそれを禁じているのでしょうか？

全く別の例に、日本でよくいわれる「夜に爪を切ると親の死に目に会えない」があります。近年は風化した感もありますが、いまだにこの古い言い伝えを遵守して、爪切りは明るいうちに行う人も少なからずいます。

この2つを補助線を引いて関連付けてみましょう。ここでは、そのタブーを許すことによる「不都合」を考えてみましょう。

もし偶像崇拝を許したら何が起こるでしょうか？　当然、多くの人はそれに向かって拝みます。拝むだけならいいのですが、そのうち人は神を自分の都合のいいように使うことになるでしょう。「神に従う」のではなく、「神を自分に都合のいいように用いる」ということです。人によってはそれでお金儲けをすることを考えるかもしれません。敬虔（けいけん）な信者には、これは許されることではないのです。

一方で「夜に爪」はどうでしょうか。これは、まだ夜が暗かった時代、夜に爪を切ると怪我をしたり、そこから細菌が入って膿んだりすることが多かったためと思われます。当時は農業が大事な産業でしたから、手足に傷を負うことは好ましいことではありません。そこでわざわざ「親の死に目に会えない」といった「避けたい事態」で脅かすことによって、夜に爪を切るという行為を戒めたのです。

このように考えると、世界の多くのタブーは、好ましくない事態を避けるための方便であるということが見えてくるのです。メジャーリーグのアンリトンルール（例：点差が開いた試合では盗塁はしないなど）も、血気盛んな若者の神経を必要以上に逆立てないための知恵ともいえるのです。

遠いものをつなげてみると新しい発見ができる

上記の例はもともとタブーという括りでまとめることができましたが、もう少し遠くにあるものをつなげてみることでも新しい発見をできることがあります。**そのときのコツは、若干抽象度を上げて考えること**です。帰納的思考の次元を上げるともいえるでしょう。

たとえば、最近のヒット商品にスポーツ専門のDAZNなどに代表されるサブスクリプション型の動画サービス、そして「あつまれどうぶつの森」というゲームがあります。ここからどのような補助線が引けそうでしょうか。

もちろんエンタメという要素もあるのですが、それよりも「時代性」という補助線を引くことで、「窮屈な時代だからこそ、人々は自由度の高さと新しい発見を求めている」ともいえそうです。このような視点が持てれば、ではそれらを満たす別の形の何かはないか、と考えることもできるでしょう。

このような思考パターンを常日頃から意識しておくと、物事をつなげて考えることが楽しくなりますし、自分の中にいろいろなパターンを持つことができるようになります。そして、それがあるとき、別のシーンで役に立つことも多いのです。

逆のものと対比する
—「生きる意味」を考えるときはどうする？

皆さんは「生きる」ということについて考えたことはあるでしょうか？　やや青臭い議論にも思えますが、ある程度経験を積んだビジネスパーソンであっても、「自分の人生とは何なのか？」を考えることはあります。哲学でも「生きる意味」は非常に重要なテーマとして長年にわたって議論されてきました。

では、生きる意味を考えるうえでどのような補助線があるとよいでしょうか？　分かりやすいのは、その対極にある「死」と対比することです。実際、多くの哲学者は死と対比させることで生の意味を考えてきました。

この補助線を活用すると、「生きる意味」は、「死ぬまでに何ができるか」という意味合いに近いことが分かります。若い人はピンと来ないかもしれませんが、筆者のような「人生折り返し地点」を回った人間にとっては、そちらの方が身近に感じられるようになるのです。仮に75歳まで働くとしても、残された時間は実はそう長くありません。こう考えることで、「では75歳までに何をすべきか」という視界が開け、より良いビジネス人生を送れる可能性が増すのです。

別の例であれば、ビジネスにおける成功のカギを知るうえで、その対極にある倒産や、不本意な事業売却に至った例などをスタディすることは面白いヒントを引き出せそうです。倒産一つとってもそのバリエーションは無数にあります。それらから得られるエッセンスを知り、洞察して自社に取り込むことは、より良い経営を行ううえで大きな助けになるでしょう。

新しい視界を開く

一目置かれるためのポイント

1 本質を突く視点を模索する
2 抽象度高くつなげてみる
3 反対のものと対比させる

PART 30

思考実験してみるコツ

根拠がよりクリアになり、
未来にも的確に備えられる

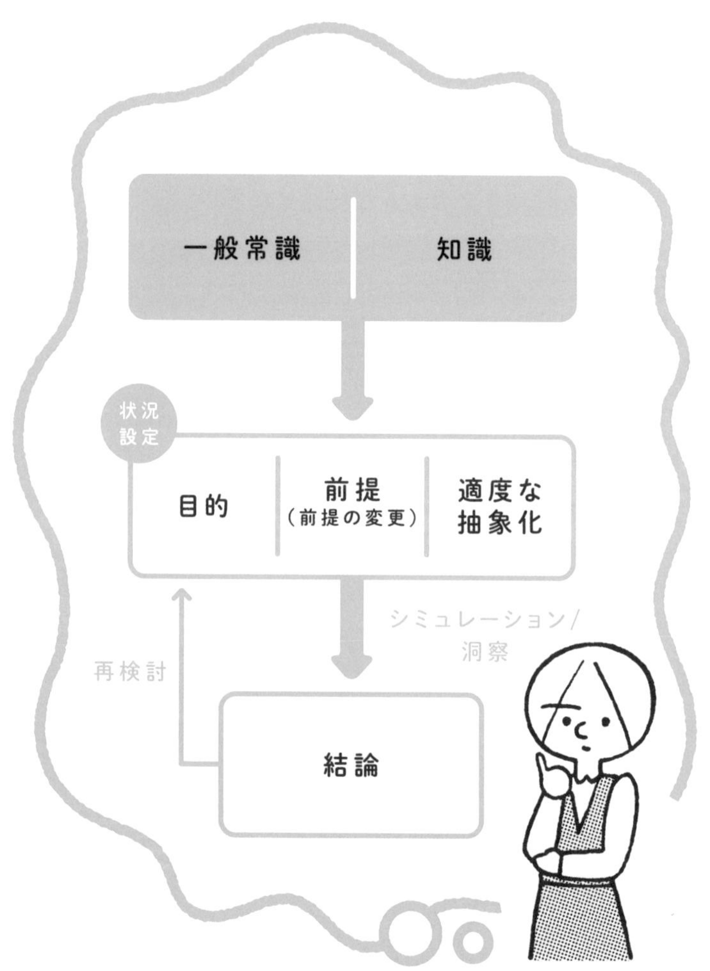

出典:グロービス著『グロービスMBAキーワード 図解 基本ビジネス思考法45』ダイヤモンド社、2017年

○ 思考実験で「未来を予測」できる

思考実験とは、文字通り頭の中で、ある前提を置いて実験を行い、いくつかの事実や仮定から演繹的に「このような結果になるだろう」と考えることを指します。通常の実験（科学的実験や社会学的実験）と最も大きく異なるのは、具体的な結果が見えないことでしょう。たとえば、科学的実験は実際に実験と測定が可能でさえあれば、ある条件下でどのような結果になるかが分かります。社会学的実験は、自然科学の実験に比べると条件を揃えるのが難しくなるため多少の工夫は必要になりますが、それでもプロセスと結果を丁寧に解釈することで、説得力のある知見をもたらしてくれます。

一方、思考実験は、純粋に頭の中で考えることですから、人によって結果も変わることが多いものです。中には、ガリレオ・ガリレイの「重いものほど速く落下するというのは間違いであり、物体は皆同じ速さで落下する」のような、あるレベルのリテラシーがあれば同じ結論にたどり着く思考実験もありますが（この思考実験では、軽いものと重いものを紐でつなぎ、その結果を予測しました）、そうした思考実験は稀で、通常は一人ひとり異なる結論を出すものです。

思考実験は、新しい事柄を始めるときに何が起こるかを予測するといった実務にも使えますし、「白熱教室」で有名になったマイケル・サンデルの「正義を考える授業」のように、人々の気づきを促すために用いることもできます。哲学でも思考実験は大いに活躍します。本項では主に、未来予測のための思考実験について議論しましょう。

未来を予測するための前提を適切に置く

思考実験が最も活躍するのは、何か大きな環境変化があったときにどのようなことが起きるかを予測するとき、あるいは何か新しいことを始めるときでしょう。たとえば、「SFは新しい技術に関する思考実験だ」という言い方もあります。技術の進化が何をもたらすかを小説や映画の形で表したのがSFだという意味です。

ただし、SF小説やSF映画はセンセーショナルに描いた方が売れる側面があるため、過剰に多くの人を怖がりにしたという批判もあります。たとえば、生物学のクローンは技術的に見たら確かにイノベーションですが、本質は一卵性の双子と同じです。しかし、小説や映画であたかも同じ人格が生まれるかのように描かれた結果、一般人に間違った印象を与えているのは間違いないでしょう。

話を戻しましょう。**未来を「正確に」とはいわないまでも、極力妥当性を高く予想する第一のカギは、前提を正しく置くこと**です。例として共産主義がまだ現実化していない時代には、「共産主義により、人々は貧富の差もなくなり平等に暮らせる。飢餓や失業なども防げる」と考えられました。これは当時の貧富の差の大きさなどに対するアンチテーゼとしては魅力的でしたが、いくつかの前提を忘れていました。それは、以下のようなものです。

- 中央政府が生産や消費を一元管理できない。しようとすると官僚組織が肥大化し、弊害が顕わになる

- 人間は結果平等をそれほど喜ばない
- 能力差ややる気の差があっても無視されると、上位の人ほどやる気をなくす　等々

実際に20世紀にいくつかの国々で共産主義革命が起こりましたが、思考実験で検討していたような美しい社会は実現せず、非効率的でかえって人々が不満を持つ社会になってしまったことはご存じの通りです。後講釈にはなってしまいますが、人間という動物の本質を見誤ったとしかいいようがありません。

わが国における衆議院の小選挙区制も、現時点では思考実験が機能しなかった例といえるかもしれません。残念ながらイギリスほどには議会制民主主義が浸透しておらず、また官僚組織が強い国においては（さらには政権を担当できる野党が育っていない状況下では）、小選挙区制はかえって政治の硬直化を招き、人々の政治に対する無関心、無力感を増す結果につながってしまったのです。なお、こちらの方は、まだしも何かしら状況が変われば機能する可能性はありますが、そのためのハードルは決して低くありません。

ビジネスにおいても、大きな影響を与える制度改革などについては、人間の本質を正しく理解し、それが長期的にどのような影響をもたらすかをしっかり洞察すべきなのです。

○ カギは「多くの意見を集める」こと

より適切な思考実験をするためのカギは、一人だけの頭で考えるのではなく、多くの人の意見を集めることです。当然、そ

こにはいろいろな人の価値観や、その背景となった経験が反映されます。

たとえば、ある店舗で「顧客が望めば返品可能」の制度を導入する案が出たら皆さんはどのように考えるでしょうか。「そんなことをしたら皆が返品に押しかけて大混乱になるし、大赤字になる」と考える人は多いのではないでしょうか。筆者もかつてはそう考えていました。

一方で、「そこまで非常識なことをする人間は実は多くはない。恥の文化の強い日本では特にそうではないか。意外にそのようなことをする人間は少ないはず」という意見もありそうです。実はこれについては、顧客満足にしっかり取り組んでいるなどのいくつかの前提はありますが、返品可能の制度はかえって品質レベルを高め、また顧客に対しても良いアピールになることが知られています。

もしこの件について、前者のイメージだけで議論を進めてしまうとせっかくの差別化の機会を逃してしまったかもしれません。多くの人に意見を聞き、それがどの程度妥当性がありそうか、そのためにはどのような前提が必要かを考えることは非常に有効なのです。

近年話題になるベーシックインカム導入などは筆者自身もなかなか結論が出ません。ぜひ皆さんも、何が起こりそうか思考実験してみてください。

○ 過去の知見は最大活用する

すでに知見があるものを最大活用することも大切です。たとえば、日本でパチンコを禁止したら、どのようなことが起こるでしょうか？　おそらく、パチンコ的なギャンブルがアングラ化することが予想されます。これは地下組織の資金源になりかねません。一部の濃厚接触のある風俗業なども同様です。

人間にはどうしても満たしたい欲求というものがあるのです。それを強引に抑え込もうとするとアングラ化し、かえって悪い結果をもたらしかねないのは、1920年代のアメリカの禁酒法などをはじめ、枚挙にいとまがありません。

人間は「善」の御旗を得ると極端に走りがちになるのですが、過去にどのような例があったかを調べ、そこからヒントを得て思考実験することが非常に重要なのです。たとえば、近年話題のAIの進化は「人間の仕事を奪うのでは？」などと恐れる向きもありますが、産業革命時のイギリスの歴史（例：ラッダイト運動など）を知っておくと、思考実験の結果も変わってくるのです。

より良い結果をもたらす施策を考える

一目置かれるためのポイント

1 人間の本性を知る
2 一人で暴走しない
3 過去の類似例に学ぶ

CHAPTER

4

日常の習慣編

PART 31

メモから考えるコツ

「忘れてしまった」を避け、
アイデアを確実に自分のものにできる

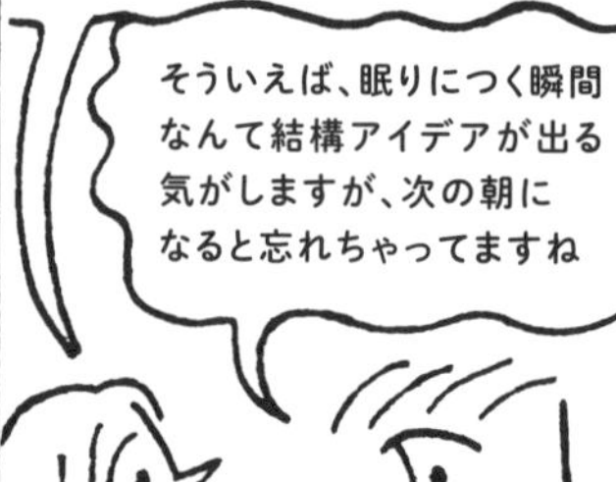

人間は忘れる動物

どれだけ記憶力のいい人間でも、あらゆることを覚えておくことはできません。そこで必要になるのが、記録に残すという行為です。冒頭コミックに出てきた「三上」は、今風にいえば「車の中（運転中）」「ベッド（布団）の中」「トイレ」となるでしょう。こうしたちょっとくつろぐ瞬間にアイデアが出るというのはよくあることです。人によっては風呂の中でアイデアが出るという人もいるでしょう。

では、そのアイデアはいつまでも覚えていられるものでしょうか？　筆者の経験では、これはメモを取らないとすぐに忘れてしまいます。特に、上記のようなシチュエーションで思いついたものはその傾向が高まります。

メモを取っておくべきなのは、仕事の大事な話や議事録だけではありません。「これは使えそう」と感じたあらゆるものに広げるとやはり有効です。本項では主に、業務上絶対に取るべきメモではなく、自分の考える力や発想力を伸ばすうえで有効なメモについて検討します。

「何かに使えないかな？」ということを同時に書いておく

メモを取っておく際には、そこで考えついた事柄だけではなく、同時に派生的に考えたことも一緒に記録しておくと効果的なことが多いです。たとえば、151ページで例示した「南を上にした地図」の話ですが、これはかつて筆者がその話に触れたときに、メモしておいたものです。そのときメモに書いたのが

「視点」という言葉でした。そして、151ページではまさに「視点を変えて見る」ことの事例として用いたのです。「何かに使えないかな？」ということを同時に書いておくのは、うまくはまればそのまま使うことができます（これは筆者の職業上の特性にもよるのですが）。

「なぜそう考えたか」を書くと発想が豊かになる

なぜそのようなことを考えたかを書くと有効なこともあります。「愛の反対は憎しみではなく無関心だ」という言葉を例にとりましょう。これは、「通常返ってくる答えと違う例」をいくつか考えていてメモをした例です。そのように書いておくことで、「あのときはこういう問題意識で書いていたんだ」ということを思い出すことができ、そのときの発想を引き継いだり、別の発想と結びつけることがより容易になるのです。

ちなみに、筆者の場合、あとでまた追加のコメントが書けるように、この手のアイデアのメモは多少スペースを空けることにしています。議事録などの普通のメモは詰めて書くのが一般ですが、そうしたメモとは異なることが一目で分かり、時々見直してみるという効果もあります。また、文字だけではなく、イラスト的なものも自由に加筆できるというのも便利です。

［図11］メモの例

6月15日　○○先輩と雑談

『●●』というバレー漫画が面白いらしい！
（人気作品だけど、なんとなく読んでない）

バレーに興味がなくても、とても面白かった！

・何年も続いている作品は
どこか人を惹きつける魅力がある

バレーを
知らなくても、
楽しめたのは
なぜだろう？
読者層は？

＝ヒットの理由を言語化できれば、
アイデア出しや自社商品にも応用できるかも？

これまで読んでなかった人気作品にも
積極的に触れてみよう

なお、基本的な動作として、いつ、誰と話したときのメモなのかは記録しておくといいでしょう。それによって、「そういえばあのときはこんな文脈で話をした」ということを思い出せることも多いです。

○ 記憶が新鮮なうちに色を活用する

これは筆者の例ではありませんが、自分なりに色に関するルールを決めてメモを取る人もいます。たとえば、すぐ使えそうなアイデアは赤、今は使えなくてもいつか使えそうなものは青、組み合わせると面白そうなものは緑のマーカーで囲ったりするということです。その場で使い分けるというよりも、記憶が新鮮なうちに仕分けするという感覚です。

人間の自由な発想は、モノクロではなく、カラフルな状況にする方が促されるという実験結果もあります。退屈な書き方をするのではなく、自分で工夫して視覚的な刺激を与えることは有効なのです。36ページで触れたマインドマップで色を多様化するというのもその一環といえるでしょう。

○ 極力一元管理する

メモは、あちこちにバラバラ置いておくのではなく、できれば一元管理する方がいいでしょう。「冊子が厚くなって不便」「物理的スペースがない」「もしトラブルが起きたときに、すべてを失ってしまう」といった声もあるでしょうが、そこは工夫することで何とかなるものです。

なお、ここまでは紙のメモを前提に話をしてきましたが、近年ではITをうまく活用することもできます。それも積極的に活用しましょう。手書きに比べると「書く（あるいは描く）」ということについて若干自由度が下がるため、手書きにこだわる人も多いですが、そこは慣れでカバーできることも多いです。

また、コピー＆ペーストがしやすい、あるいはウェブの情報についてURLをそのままコピーできるといった、ITならではのメリットもあります。自分に合った方法を見つけるといいでしょう。

最近は、スマホのカメラや音声で記録を残す人も多いと思います。これもITの利点です。ただ、これは言い換えれば、記録の残し方が多様化することを意味します。

それ自体は悪い話ではないのですが、どこにどのようなメモを残しておいたかを忘れると、せっかくのアイデアも忘れてしまいますし、結びつけて連想を働かせるといった効果も薄れてしまいます。検索しやすくするといった工夫も大切ですが、定期的に備忘録としてメモをまとめるという作業も行うといいでしょう。これは、効率を高めるだけではなく、その作業中に面白い発想が湧くという効果ももたらします。

せっかくのアイデアを有効活用する

一目置かれるためのポイント

1 単語だけではなく、周辺の情報も併せて書いておく
2 視覚を刺激する工夫をする
3 時々見返したり編集を行う

PART 32

アウトプットしながら考えるコツ

自分の限界を打破できる

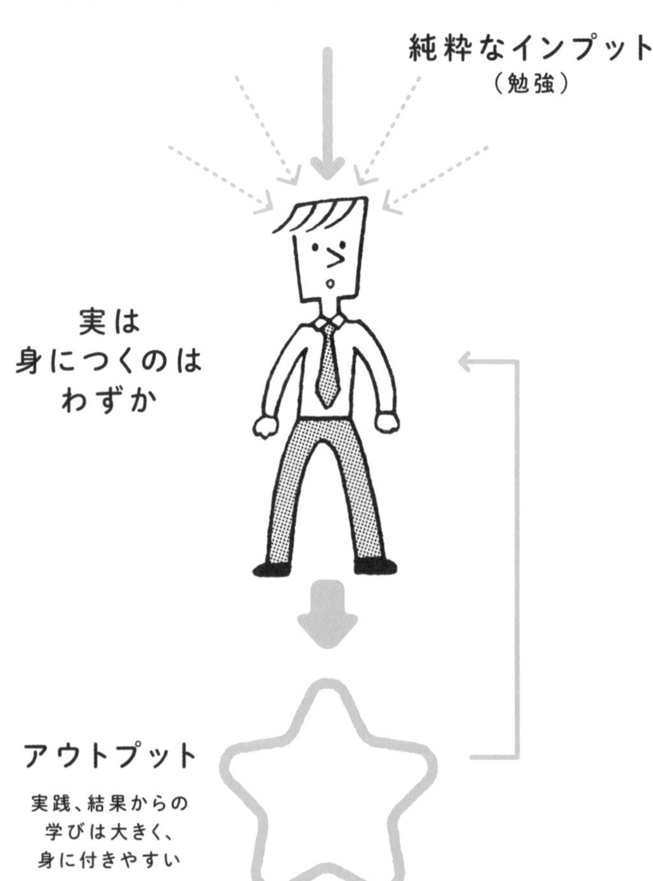

まずは話す、書く

アウトプットにはさまざまな意味合いがあります。ビジネスの場合は、何かの施策を実行し、最終的にはビジネス的な成果を出すことが目的になりますが、あまり時間軸を長くとっては「思考のPDCA」が遅くなってしまいます。ここではより時間軸を短くとり、人に話すこと、そして何かしらの文書を書くことで人を動かすなどの望ましい結果を得ることを中心に議論します（短い時間軸で何か施策を実行することもその延長にありますので、ここでは省略します）。

アウトプットと対になる言葉はインプットです。たまにインプット、つまり情報収集や勉強ばかりをする人がいますが、これは効果的ではありません。**アウトプットにつなげないインプットは結果的にすぐに忘れ去られたり、劣化してしまう**からです。アウトプットに結びつけ、他人からの評価を得ることでアウトプットの質も高まりますし、インプットの効率も上がっていくのです。

ある調査によると、実際にアウトプットに用いられていないインプットは9割程度に上るという結果もあるそうです。それだけ世の中には無駄な情報収集や勉強があふれているといえるでしょう。だからこそ、効果的にインプットをアウトプットにつなげることができると、思考の生産性は一気に上がるのです。

アウトプットは「説得力」の確認になる

アウトプットしてみることの分かりやすい効果は、その説得力を確認できるということです。ここでは何かの企画書や提案書を例にとりましょう。企画書や提案書というアウトプットは、「私は〇〇を提案する。なぜなら△△だからである。より具体的には◇◇を行い……」といったように、かなりのロジカルさを求められます。

多少精緻なものを書く場合は、人に見せる前に自分である程度「根拠はしっかりしているか？」「施策は必要十分か？」を考える必要性が生じますが、これは思考を磨く良い訓練となります。

そこまで精緻に書かない場合でも、聞き手や読み手に「なぜこう考えたの？」「具体的にはどうするの？」などと突っ込みを受けたら、自ずと根拠や具体的な施策を真剣に考えるきっかけとなるものです。

相手は思いついた疑問を好き勝手に言っていることも多いものですが、それらの質問をしっかり打ち返していくことはなかなか難しいものです。そうした洗礼を複数受けることは、自分の思考の偏りや不足部分を確認する良いきっかけとなるのです。なお、中にはどうでもいい思いつきの質問も交ざってくるものですが、それはそれで峻別して受け流していくようにできれば、それも思考力のトレーニングになります。

○ 他人のアイデアを生かす

何かアウトプットを作り、他人と議論することは、ロジカルさの底上げもさることながら、自分が思いつかなかったアイデアを得るきっかけになります。筆者も企画書をしばしば書くのですが、議論をする中で「そのアイデアは自分にはなかった」と感じるケースは非常に多いものです。

他人の意見を利用するためには、シンプルに多くの人間と議論することが早道です。また、その相手も毎回固定したメンバーではなく、多様な人間と意見を交わすとよいでしょう。性別、年代、国籍、職業など、バリエーションが増えるほど得られるアイデアは増すものです。

ただし、実際に精緻なアウトプットを仕上げてからこれらの人々と議論するのは難しいものです。そこで現実的なのが、**まずはラフなアウトプットイメージを持ちながら雑談風に意見を聞く**ことです。何の仮説もないとあまり得るものがなくなる可能性があるので、自分なりに「多分これがいいのではないか」という仮説を持ちつつ、その検証も兼ねていろいろと話をしてみるといいでしょう。

○「切り返す力」が新しいアイデアにつながる

そこで必要になるのが、雑談力と相手のコメントに対してうまく切り返す力です。これはかなりの機転を必要としますが、習慣化すれば顧客やパートナーとのビジネストークにも生かすことができます。雑談力などはそのままのタイトルの書籍なども出ていますので、参考にしてみてはいかがでしょうか。

切り返しについては、会話を弾ませるためにも、相手の気分を良くさせる配慮が必要です。「さすがにそれは無理でしょう」などと真顔で言っては会話も弾みません（トーンで許される場合もありますが)。

「それってどういう発想から思いつかれたんですか?」「それが可能なら、☆☆も可能かもしれませんね」など、話をうまく弾ませる工夫が必要です。それは相手の思考を一層刺激してさらなる新しいアイデアにつながるかもしれないからです。

全員に対してそれを行うのは難しいかもしれませんが、「この人のアイデアは面白い」「使えるアイデアを出してくれそうだ」という人がいたら、ぜひ彼/彼女の頭を刺激するように会話を導いてみましょう。それができれば、あなたの思考力は相乗的に向上していきます。

○ アウトプットを次のインプットにつなげる

これは特に文書や具体的な施策についていえることですが、アウトプットを行うことで仕事に進展があり、それが次のインプットにつながるということがあります。昨今はSNSなどですぐに情報を発信できる時代ですが、そこでしっかりしたアウトプットを出してみると、すぐにレスポンスが返ってくるものです。一般論にするのはやや難しいかもしれませんが、思考投入したアウトプットほど、返ってくるレスポンスの質も上がっていきます。

そのレスポンスを丹念に読んだり聞いたりすると、「次はこのようなインプットをして、このようなアウトプットをすれば自分自身の価値が上がるのではないか」ということが見えてくるものです。

良いインプット→良いアウトプット→良いレスポンス→さらに良いインプット→さらに良いアウトプット→さらに良いレスポンス……の好循環を回すことが目的です。

このサイクルは自然に回ることもありますが、可能であればメタレベルに立って、どのようにすればこのようなサイクルが回るかを事前に考えておくと、自然に任せるよりも好循環が発生する確率は高まります。

また、今現在の自分を客観的に眺め、このインプットとアウトプット、レスポンスの循環がどのようになっているかを捕捉しておくことも有効です。最初にも触れたように多くの人はこれがバラバラで、非効率になっているものです。その非効率に気づき、どうすれば効率を上げられるかを考えることが、好循環を加速させる第一歩なのです。

他人の力をうまく活用する

一目置かれるためのポイント

1 まずは自分でしっかり考える
2 他人の意見を引き出す瞬発力を身につける
3 メタレベルで好循環構造を描く

PART 33

「心の声」から考えるコツ

自分を偽らず、人間味のある言動ができることで人に影響を与える

「感じる」を無視して「考える」ことはできない

ここまでは純粋に「考える」ということについて議論してきましたが、人間が何かを意思決定したりする際に、思考だけで意思決定するわけではありません。むしろ「これは良い気分になる」、あるいは逆に「心理的に嫌」「生理的に受け付けない」といった感情や感覚、言い換えれば「心の声」に頼ることが多いものです。

「ほとんどの人は、意思決定においてまず感覚で判断し、その後に理屈をつける」と言った識者もいます。もちろん、毎回感情のみに振り回されて意思決定をするのは好ましいことではありませんが、**感情と論理がぶつかるような場合には、いたずらに論理を重く見るのではなく、その感情についても客観的に検討し、最終的に物事を決めるのがよい**でしょう。

自分の価値観を知る

人間の感情というものは非常にあいまいなもので、たとえばその日の体調や気候などにも左右されます。極端にいえば、親友が亡くなった直後に、アミューズメントに関する感性をいつも通り発揮するのは難しいでしょう。

そうした一時の感情や、感情の揺らぎに流されないための第一歩は、自分の価値観をしっかり理解しておくことです。自分の価値観に沿った行動ができることは、後悔を防ぎ自己肯定感を高め、モチベーションを高く維持することにもつながります。

その方法はいくつかありますが、ここでは2つほど紹介しましょう。両方とも、比較的心理状態が穏やかなタイミングで行うとより自分の本心を知ることができます。

一つは、いくつかの質問をするというものです。代表的な質問は以下のようなものです。

- どんなときに幸福感を感じたか?
- どんなときに嫌悪感や義憤、あるいは「気持ち悪さ」を感じたか?
- 大事にしたいものを5つ選ぶとしたら何か?
- 何をしているときに幸せ、あるいは不幸せを感じるか?

このような質問を自らに投げかけ、その答えを紙やPCなどに書きつけておくと、自分の価値観がかなり浮き彫りになります。そのうえで、さらにどの価値観を自分は重視しているかの優先順位付けをしておくと、いざ何かを判断するときにも役に立ちます。

もう一つの方法は、「自分は結局何をやりたいのか?」を自問することです。そして、それを支える自分の価値観は何かを考えてみるのです。

起業家であれば、「イノベーティブである」「人と同じことはしたくない」「組織ではリーダーになるべきだ」「自由度高く、世の中に何かしらの印を残したい」といった価値観が挙がってくるかもしれません。もしこうした価値観が出てこない人間が、人からの見映えを気にして起業家の道を選んでも成功できる可能性は低くなるでしょう。

○「何かおかしい」に気づくセンスを磨く

その時々に感じる感情を、五感を総動員して受け止めることも効果的です。『影響力の武器』（誠信書房）でもお馴染みのロバート・B・チャルディーニは、「胃袋に感じる嫌な感じを大切にする」といったことを述べています。

それが機能するのは、たとえば、返報性のメカニズムが働くときです。返報性とは、「他人に借りがあるのは嫌なので、何かをされたらそれにお返しをしなくてはいけない」と考える心理的メカニズムです。

返報性のやっかいなところは、実際の借りは小さくても（場合によっては架空のものであっても）、それ以上にお返しをしないと心苦しく感じるという点です。セールスパーソンなどは、このメカニズムを利用して巧みに商談を進めようとします（例：「本社に掛け合って何とか値引きしましたよ」などと、ことさら自分が何かしてあげたように振る舞い、恩を着せてくる）。

このようなとき、人間はあまりロジカルに考えることをせず、心理的メカニズムのままに振る舞ってしまうことがあります。ただ、それでもなんとなく気持ち悪さを感じているものです。それは脳内というよりは、むしろ胃袋のあたりに感じることが少なくありません。チャルディーニはそれを感じるセンスを磨くことが、後悔しない適切な行動につながると説いているのです。

体、あるいは五感でしっかり感じ取るためには、まずは健康な体を作っておくことが必須です。日常から規則正しい生活をすることは、「何かおかしい」という心の叫びをより敏感に聞けるベースになるのです。瞑想やヨガなどを日常生活に取り入れることも効果的とされています。

○ 心を豊かなものにする

人間の根源的な価値観などは劇的に変化しないかもしれませんが、いろいろなものに対する許容度や余裕、あるいは人間としての成熟度合いなどは、やはりある程度は変わっていくものです。これは時間とともにすべての人に起こることではありますが、放っておくだけではスピードが遅くなりますから、なるべく良い方向に加速するような習慣をつけると効果的です。

具体的には、以下のような行動を習慣化してみましょう。

- 美しいもの（絵画、音楽他）に触れる機会を増やす
- 「本物」に触れる機会を増やす（人物なども可）
- 素晴らしいエピソードに多く触れる（ビジネスパーソンの場合はビジネス関連のものが多いと好ましい）
- 評価の高い古典（哲学書、エッセイ）を読み、それを鏡として自分を振り返る
- 自分を毎日振り返る（忙しさに流されて生きるのではなく、静かに自分について考える時間を持つ）

こうしたことを繰り返すことで、人間の感性は磨かれ、よりピュアかつリッチなものになっていきます。それをベースに感

じ、そして考え行動することで、「あの人の言うことは筋が通っているだけではなく、人間味がある」「軸がぶれず、常に正論を言ってくれる」という評判を獲得できる可能性が増すのです。

なお、こうした行動は、忙しさを言い訳になかなか実行されないものでもあります。実際に、忙しいビジネスパーソンにとっては、西洋の古典を読む時間などはなかなか取れないでしょう(本来は、若い頃から習慣化しておくとよいのですが、過去の時間は取り戻せません)。

ただ、それで流されてしまってはなかなか「人間力」は伸びません。時間は「できるもの」ではなく「作るもの」です。**仕事を効率化して生産性を高め、そこで生み出した時間を自分の成長に投資できる人間こそが他者よりも優位に立てる**、という意識を持ちたいものです。

迷いが生じたときに、悔いのない意思決定をする

一目置かれるためのポイント

1 自分自身をよく知る
2 五感で気持ちよさや違和感を感じとる
3 自分をメンタルの部分で高める努力をする

おわりに

33個の思考のコツを読み終えられて、どのような感想を抱かれたでしょうか。比較的すぐ使えそうなものがあるなと思われた一方で、自分には難しいものが多いと感じられた方も多数いらっしゃるかもしれません。

筆者自身、「考える」という分野についていえば、得手不得手はあります。年齢を重ねて、より熟練したと思うものもあれば、自分でも硬直したなと思う部分も多々あります。そこに思考法というテーマの難しさ、面白さがあるともいえます。常に自分で意識して自分の思考の癖を客観視しないと、思考力はどんどん衰えたり、特定の方向に流されてしまうのです。

昨今は人生100年ともいわれる時代です。また、AIとの共存は必須です。そうした中、常に思考する力に磨きをかけ続けなくては、ビジネスパーソンとして出せるバリューがどんどん減ってしまうのは間違いないでしょう。

さて、「はじめに」でも触れたように、最初からすべてを使いこなすことは難しいですし、その必要性も低いでしょう。多くの読者の方にとっては、まずはさまざまな思考のコツがあることを知っていただけただけでも本書を手に取っていただいた価値はあると思います。

まずは頭の中に記憶としてとどめていただき、使えそうなものから実際に使って、どんどん実務で磨きをかけていただければと思います。また、読むだけではなく、必ずご自身のことを振り返り、「ここは自分には欠けていた」「自分はここを鍛えなければ」という要素を見極め、思考力を向上させるヒントにしていただければ幸いです。

さて、グロービスは、「考える」ということについてはこだわる組織です。特に「健全な批判的思考」ともいえるクリティカル・シンキングについては、高い評価を得ています。グロービス経営大学院というMBAの学位を取れるプログラムの中でも「思考系」の科目を多々提供していますし、「GLOBIS 学び放題」というオンライン教材などでも、さまざまな思考法について紹介しています。

本書で紹介したすべてをそのまま教えているわけではありませんが、書籍のみならず、ぜひそうした学びの機会も活用いただければと思います。

多くの人が本書を手に取られ、「あの人って考えるのが得意だよね」と周りから一目置かれるような人材になるきっかけにしていただけることを願っています。

グロービス出版局長、グロービス経営大学院教授　嶋田毅

参考文献

『グロービスMBAクリティカル・シンキング改訂3版』
グロービス経営大学院著　ダイヤモンド社　2012年

『グロービスMBAキーワード　図解　基本ビジネス思考法45』
グロービス著　嶋田毅執筆　ダイヤモンド社　2017年

『グロービスMBAキーワード　図解　基本フレームワーク50』
グロービス著　嶋田毅執筆　ダイヤモンド社　2015年

『グロービスMBAキーワード　図解　基本ビジネス分析ツール50』
グロービス著　嶋田毅執筆　ダイヤモンド社　2016年

『ビジネス仮説力の磨き方』
グロービス著　嶋田毅執筆　ダイヤモンド社　2008年

『正しい意思決定のための「分析」の基礎技術』
グロービス著　嶋田毅執筆　PHP研究所　2018年

『MBA100の基本』
グロービス著　嶋田毅執筆　東洋経済新報社　2017年

『MBA心理戦術101』
グロービス著　嶋田毅執筆　文藝春秋社　2020年

『定量分析の教科書』
グロービス著　鈴木健一執筆　東洋経済新報社　2016年

『世界はシステムで動く―― いま起きていることの本質をつかむ考え方』
ドネラ・H・メドウズ著　小田理一郎解説　枝廣淳子訳　英治出版　2015年

『水平思考の世界』
エドワード・デボノ著　藤島みさ子訳　きこ書房　2015年

『デザイン思考が世界を変える』
ティム・ブラウン著　千葉敏生訳　早川書房　2014年

『[新版]ブルー・オーシャン戦略── 競争のない世界を創造する』
W・チャン・キム　レネ・モボルニュ著　入山章栄監訳　有賀裕子訳　ダイヤモンド社　2015年

『論理の方法── 社会科学のためのモデル』
小室直樹著　東洋経済新報社　2003年

『利己的な遺伝子 40周年記念版』
リチャード・ドーキンス著　日髙敏隆訳　岸由二訳　羽田節子訳　垂水雄二訳　紀伊國屋書店　2018年

『観想力── 空気はなぜ透明か』
三谷宏治著　東洋経済新報社　2006年

『2030年:すべてが「加速」する世界に備えよ』
ピーター・ディアマンディス　スティーブン・コトラー著　山本康正解説　土方奈美訳　NewsPicksパブリッシング　2020年

『DIAMONDハーバード・ビジネス・レビュー 2019年8月号』
DIAMONDハーバード・ビジネス・レビュー編集部編　ダイヤモンド社　2019年

『プロテスタンティズムの倫理と資本主義の精神』
マックス・ヴェーバー著　大塚久雄訳　岩波文庫　1989年

『ストーリーとしての競争戦略── 優れた戦略の条件』
楠木建著　東洋経済新報社　2012年

『「みんなの意見」は案外正しい』
ジェームズ・スロウィッキー著　小髙尚子訳　角川文庫　2009年

『影響力の武器 実践編[第二版]:「イエス!」を引き出す60の秘訣』
ノア・J・ゴールドスタイン　スティーブ・マーティン　ロバート・B・チャルディーニ著　安藤清志監訳　曽根寛樹訳　誠信書房　2019年

[著者]

グロービス

1992年の設立以来、「経営に関する『ヒト』『カネ』『チエ』の生態系を創り、社会の創造と変革を行う」ことをビジョンに掲げ、各種事業を展開している。

グロービスには以下の事業がある。

- グロービス経営大学院
  - 日本語（東京、大阪、名古屋、仙台、福岡、オンライン）
  - 英語（東京、オンライン）
- グロービス・マネジメント・スクール
- グロービス・コーポレート・エデュケーション（法人向け人材育成サービス／日本・上海・シンガポール・タイ）
- グロービス・キャピタル・パートナーズ（ベンチャーキャピタル事業）
- グロービス出版（出版／電子出版事業）
- GLOBIS知見録（オウンドメディア、スマホアプリ）

その他の事業：

- 一般社団法人G1（カンファレンス運営）
- 一般財団法人KIBOW（震災復興支援活動、社会的インパクト投資）
- 株式会社茨城ロボッツ・スポーツエンターテインメント（プロバスケットボールチーム運営）

[執筆者]

嶋田 毅（しまだ・つよし）

東京大学理学部卒業、同大学院理学系研究科修士課程修了。戦略系コンサルティングファーム、外資系メーカーを経てグロービスに入社。累計160万部を超えるベストセラー「グロービスMBAシリーズ」のプロデューサーも務める。
著書に『グロービスMBAキーワード 図解 基本ビジネス思考法45』『グロービスMBAキーワード 図解 基本フレームワーク50』『グロービスMBAキーワード 図解 ビジネスの基礎知識50』『グロービスMBAキーワード 図解 基本ビジネス分析ツール50』『ビジネス仮説力の磨き方』（以上ダイヤモンド社）、『MBA 問題解決100の基本』『MBA 生産性をあげる100の基本』『MBA 100の基本』（以上東洋経済新報社）、『[実況] ロジカルシンキング教室』『[実況] アカウンティング教室』（以上PHP研究所）、『MBA心理戦術101』（文藝春秋）、『ロジカルシンキングの落とし穴』『バイアス』『KSFとは』（以上グロービス電子出版）、共著書に『グロービスMBA経営戦略』『グロービスMBAマネジメント・ブック』『グロービスMBAマネジメント・ブックII』『グロービスMBAアカウンティング』『グロービスMBAマーケティング』『グロービスMBAクリティカル・シンキング』『グロービスMBAクリティカル・シンキング　コミュニケーション編』『MBA定量分析と意思決定』『グロービスMBA組織と人材マネジメント』『グロービスMBAビジネスプラン』『ストーリーで学ぶマーケティングの基本』（以上ダイヤモンド社）、『ビジネススクールで教えている　武器としてのITスキル』（東洋経済新報社）、『ケースで学ぶ起業戦略』『ベンチャー経営革命』（以上日経BP）など。その他にも多数の共著書、共訳書がある。
グロービス経営大学院や企業研修において経営戦略、マーケティング、ビジネスプラン、管理会計、自社課題などの講師を務めるほか、各所で講演なども行っている。

また、グロービスのナレッジライブラリ「GLOBIS知見録」(https://globis.jp/)に定期的にコラムを掲載するとともに、グロービスが提供する定額制動画学習サービス「GLOBIS 学び放題」(https://hodai.globis.co.jp/)へのコンテンツ提供・監修も行っている。

グロービス流
「あの人、頭がいい！」と思われる「考え方」のコツ33

2021年6月15日　第1刷発行

著　者――グロービス
発行所――ダイヤモンド社
〒150-8409　東京都渋谷区神宮前6-12-17
https://www.diamond.co.jp/
電話／03･5778･7233（編集）　03･5778･7240（販売）
ブックデザイン･DTP―岩永香穂（MOAI）
イラスト――fancomi
製作進行･DTP―ダイヤモンド・グラフィック社
校正――――ディクション
印刷／製本―勇進印刷
編集担当――吉田瑞希

ISBN 978-4-478-11146-8